日本の城の謎〈攻防編〉

井上宗和

祥伝社黄金文庫

（この作品『日本の城の謎〈攻防編〉』は、昭和六十一年十二月、
祥伝社黄金文庫から刊行されたものの新装版です）

まえがき

大坂城の京橋口《きょうばしぐち》に、今も残っている「肥後石《ひごいし》」は、城内で二番目に大きい石である。

高さ約五メートル、幅約一一メートル、表面積約五五平方メートルもあり、その奥行きは推定で約九〇センチ、重量はほぼ一四〇トンはある、と考えられていた。ところが、このほど京橋口石塁の修理で、大石の奥行きが四〇センチから六〇センチほどの石板状であり、推定の重量も三分の一ほどしかないことがわかった。

長い間人々に信じられてきた巨石の運搬の謎と伝説がここに崩れたのである。

豊臣秀吉は、文禄《ぶんろく》四年（一五九五年）、藤堂高虎《とうどうたかとら》が主君の羽柴秀保《はしばひでやす》の死を契機に、高野山《こうやさん》に入って剃髪《ていはつ》したのを呼び返し、四国伊予《いよ》（愛媛）の領主として封じた。これは朝鮮出兵中、海峡の制海権を確保するために、高虎を起用して南予の水軍を統率させる必要があったからである。

高虎はそのため、板島《いたじま》に築城し宇和島《うわじま》と改称したが、この宇和島城には、のちに〝隠し水軍〟といわれた水軍基地があったことはあまり知られていない。

大坂城の巨石の真相にしろ、宇和島城の隠し水軍にしろ、このようなことが公《おおや》けに伝わっていないことは、それらはすべて、その城にとっての最高の秘密だったからである。

『日本の城の謎〈築城編〉』（祥伝社黄金文庫）では、日本の城にまつわるさまざまな謎の解明を主眼としている。本書では、その謎を解明することにより露《あら》わになった、城と武将、ひいては人間とのかかわり合いに主眼を置いたつもりである。この戦国武将たちの知略と攻防のドラマこそが、城の最大の秘密だからである。

日本の城が、日本以外の国の城に比べて、優れているのは、日本人の持っていた文化が優れていたためである。日本の城には日本人の思考、技術のすべてが投入されている。とくに今でもはっきりと、天守、櫓《やぐら》、城門、堀、石垣などとして、城地とともに残っている日本の近世大名の居城には――それが造られたのが、五百年ほど前からであったにしても――過去における日本人の城造りの知恵が集結されている。また幕末に造られた城は、その数は多くはないが、鎖国から呼び覚まされた日本人が、急速におし寄せる西洋文明の思考や技術を、城という形で表現したという意味で、一つの日本人の立てた道標《みちしるべ》でもある。
ともあれ、日本人の心のふるさと、とさえいわれる日本の城、そしてその城にまつわる秘密を探ることは、日本人の本質や歴史への旅でもある。

井《い》上《のうえ》宗《むね》和《かず》

日本の城の謎　攻防編　目次

2　なぜ、秀吉は三木城《みき》攻めに二年もかかったのか　55

——三木城・鳥取城・高松城、天下人《てんかびと》に押しあげた中国路包囲戦の謎

3 なぜ、藤堂高虎《とうどうたかとら》は築城の天才といわれるのか　89

——幕府隠密も見破れなかった宇和島《うわじま》城「空角《あきかく》の経始《なわ》」の謎

4 なぜ、毛利《もうり》氏は海岸線に城を移したのか　131

――無敵の水軍基地、三原《みはら》城・広島城の謎

5 なぜ、江戸城は世界最大の城といわれるのか 167

——難攻不落の名城を無血開城した謎

6 なぜ、上杉謙信《うえすぎけんしん》は天下人《てんかびと》になれなかったのか 201

——春日山《かすがやま》城、一乗谷《いちじょうだに》山城、雪に泣いた武将の謎

7 なぜ、榎本武揚《えのもとたけあき》は新政府でも活躍できたのか　233

——星形の城五稜郭《ごりょうかく》、その西洋式築城の謎

装丁　萩原弦一郎（256）
写真協力　日本城郭協会
地図作製　Lotus 林雅信
図版作製　J-ART

●天守閣現存の城
○建造物を残す城
□天守閣復興の城・著名な城址
松前福山城⑦
五稜郭⑦
⑥春日山城址
⑥一乗谷山城址
③二条城
江戸城⑤
犬山城②
津城址③
伊賀上野城③

『日本の城の謎』地図
※丸数字は、掲載している章(例 ①=1章)

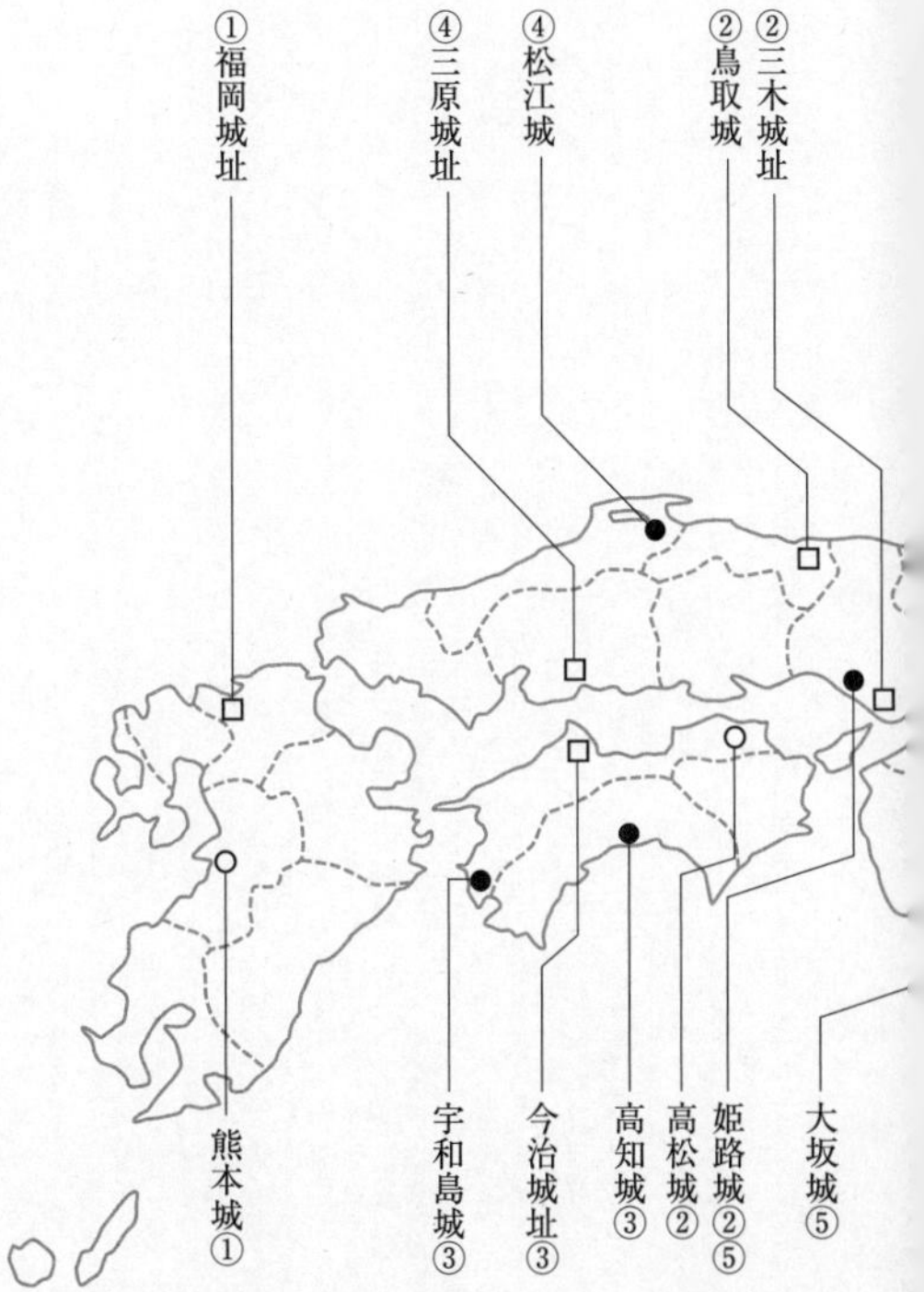

1

なぜ、加藤清正《きよまさ》は鉄壁の石垣を築いたか

――西《せい》南《なん》戦争の西郷軍でも落とせなかった熊本城の謎

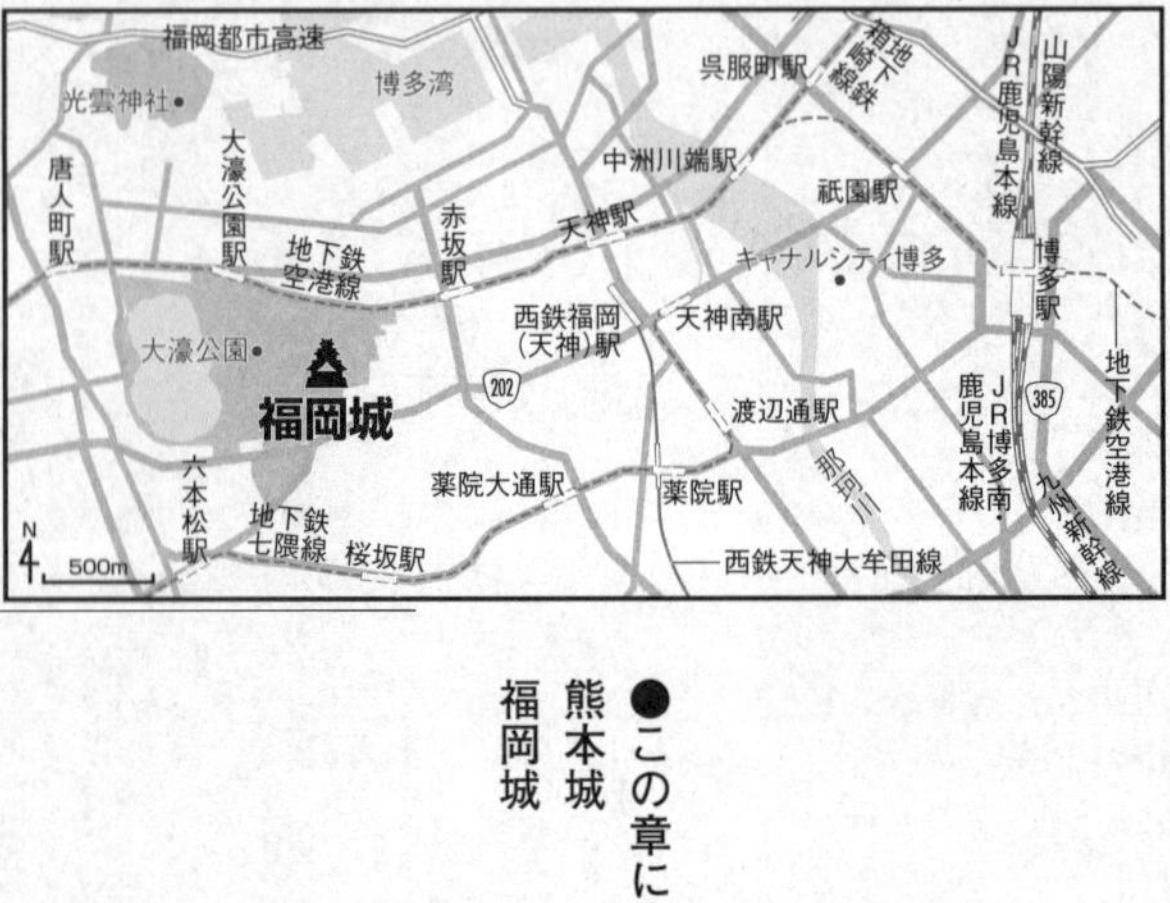

●この章に登場する主な史蹟
熊本城
福岡城

●なぜ、熊本城天守は焼け落ちたのか

明治十年二月十九日、午前十一時四十分をわずかに過ぎたころ、熊本城内に火災が発生した。

この地方特有の西北の風にあおられ、火は天守閣を焼き、さらに城内の主な建造物を焼いてしまった。

肥後《ひご》の猛将・加藤清正《きよまさ》が精魂を込めて築いた城、そのシンボルでもあった大小の天守は、半日にして灰燼《かいじん》に帰したのである。

なぜ、熊本城天守は焼けたのであろうか。

単なる失火という説もある。しかし、後世の歴史家の多くは、ある事件との関連を重要視している。その事件とは、西郷隆盛の反乱、いわゆる西南《せいなん》戦争である。

明治新政府は、九州の軍政機関、つまり鎮台《ちんだい》を熊本城に置いた。鎮台司令官は谷干城《たにたてき》、土佐《とさ》藩出身で維新戦争に活躍した軍人である。

二月十四日に鹿児島を出発した西郷軍は、天守火災のあった日、熊本の南八キ

ロの川尻《かわじり》に到着していた。

「城が焼けているのか」

熊本方面が煙っているのを見て、西郷隆盛は部下に質問したという。鎮台の兵が城下を焼き払っている、という報告に西郷はひそかに嘆息した。西郷ほどの人だから、司令官の決意の固さを、すぐ感じとった……。これは巷談《こうだん》として伝わっているエピソードだが、意外と真実に近いのかもしれない。

しかし、守将である谷干城の決意の固さを示すのなら、城下町の焼却は当然としても、なにも天守閣を焼く必要はない。他に方法はいくらでもあったはずである。

鎮台の兵の中には鹿児島出身者も多く、ましてや九州の者は多い。九州人にとって西郷隆盛は英雄である。西郷同調者が城に火を放って逃げたのではないかという説もある。

単なる出火、谷干城が火を付けさせた、放火、といろいろ説があるが、真相はいまだに明らかではない。

●西郷隆盛は、なぜ熊本城を攻めたのか

天守閣には、さまざまな目的があり、機能がある。

江戸時代の軍学は〝天守の十徳〟として役目を分類した。それは、①城内を見る、②城外を見る、③遠方を見る、④城内武者配りを自由にする、⑤城内の気を見る、⑥守備の下知《げち》を自由にする、⑦寄手《よせて》の左右を見る、⑧飛物掛《とびものか》かり（射撃命令）を自由にする、⑨非常時に様子を見て命令を改め、兵を動きやすくする、⑩城の飾り、である。

これを要約すると、①から⑨までは展望所や指揮所としての機能であり、⑩だけが飾り、つまり、城に威厳を持たせ、他国や領民に与える威圧ということになる。

たしかに天守閣は、戦闘指揮所として、あるいは城内から射《う》つ火砲の着弾観測所として利用価値が高いが、戦国時代ならともかく、近代的装備を持っていた明治時代では、かえって敵の火砲の攻撃目標になりやすい。

谷司令官が火を付けさせたという説は、ここから来ている。敵の攻撃によって

炎上したのでは、城内の兵の士気に悪い影響が出る。部下の将兵の士気を鼓舞するために開戦前に焼き払い、あわせて城下の民家を焼く焦土戦術に出た、というのである。

しかし、この説には疑問がある。この火災によって武器、弾薬に被害はなかったが、糧秣庫《りょうまつこ》(食糧庫)にも火が及び、米五百石が焼失してしまったのである。この米の手当てとして谷司令官は、会計官を町の内外に走らせて、急いで六百石の米を買い集めている。

それにしても西南戦争は謎の多い戦争である。この天守閣炎上もそうだが、最大の謎は、西郷軍がなぜ熊本城にこだわったのか、ということである。これでは戦術的にはおかしいし、さらにそもそも何を目的に挙兵したのかさえも明らかではないのである。

中央政府に意見を述べに行く、というのであれば、この城を無視し先に進めばよかったし、九州全域を治めるというのであれば、占領する場所は北九州だったはずである……。

西郷隆盛の軍が熊本城を包囲したのは、この天守閣炎上から三日後の二月二十一日であった。

東西 1.6km、南北 1.2km に及ぶ城域をもつ熊本城

その前、西郷軍鹿児島出発という情報を得た熊本城の谷司令官は、参謀樺山資紀《かばやますけのり》中佐、児玉源太郎《こだまげんたろう》少佐、川上操六《そうろく》少佐などを集めて作戦会議を開いた。一部には肥後国境まで出撃して迎え討つという意見もあったが、司令官は籠城《ろうじょう》と決断した。

これは当時の情勢から見て適切な作戦だった。熊本鎮台の兵は総員が三千四百名であり、このうちから三千名出撃しても、西郷軍の一万三千名に対して四分の一ほどの兵力であり、火砲の数も少ない。そのうえ鎮台の将兵のうち武士階級出身者は上層部だけで、兵は農村出身者が多かったから、野戦で白兵戦になると鹿児島士族の多い西郷の兵相手に勝ち目はない。籠城すれば、刀で斬《き》り合う戦いは少なくなり、当然、銃撃戦が多くなる。銃撃戦だったら城のスナイドル銃は西郷軍の小銃より威力があり、兵の射撃の技術も、新政府の正規軍として鍛えられているのだから優秀である。また、西郷軍の火砲は、旧式なものが多く、よほど城に接近しなければその威力も決定的ではなく、熊本城の強固な土木工事、石塁、堀は西郷軍の火砲の攻撃に十分耐えうる。

それに城攻めには、城兵の十倍以上の兵力を必要とするものとされている。だから、一万三千の西郷軍の兵力では、三千余の兵が守る熊本城を攻撃するのには十分ではない。

熊本城を一週間ないし一カ月守り抜けば、近代装備の政府軍援兵が数十万は来る。

谷司令官の籠城作戦は、このような判断のうえに立っていた。

●西南戦争の勝敗を決めた熊本城攻城戦

二月二十一日、午後一時ごろ、熊本に到着した西郷軍は、城下の嶽《たけ》の丸《まる》と出城《でじろ》の千葉城付近ではじめて銃撃戦を行なった。

熊本城を中心とする政府軍の陣地は、下馬橋《しもうま》、県庁、古城、一日亭、法華坂《ほっけ》、藤崎神社、片山邸、漆畑《うるしばた》、埋門棒安坂《うずみもんぼうあん》、千葉城、嶽の丸などである。

二十二日には、これらの陣地に対する西郷軍の猛攻撃が行なわれたが、地の利を得た鎮台の兵も反撃して、戦況は進展しなかった。しかし、鎮台側の第十三連隊長、与倉《よぐら》中佐が戦死し、樺山中佐も負傷したほどの激戦だった。

西郷軍の篠原国幹《くにもと》、村田新八《しんぱち》の一隊は、西方から城に近づき、城壁の近くまで攻め入ったが、城内からの射撃が激しく、城壁を越えることができず、多くの戦死傷者を出して後退した。熊本城の堅固さは、近代の銃撃戦でも証明されたのである。

二十三日にも、西郷軍は、城と政府軍の陣地に攻撃を加えたが、戦況は進まなかった。西郷軍は、城をのぞむ花岡山《はなおかやま》という丘に、砲塁を築き、ここに大砲を据えて城を砲撃したが、堅固な城の構築物を破壊するほどの戦果はなかった。

この夜、西郷軍では、二本木《にほんぎ》の本陣で、西郷隆盛を中心として作戦会議が開かれた。

この会議で篠原国幹は、熊本城攻略に時間をとられるのは前進の機会を失うので、損害をかえりみず、総攻撃して落城させるべきだとの策を出した。しかし隆盛の弟西郷小兵衛は、一部の兵で熊本城を囲み、本隊は前進する戦略を主張し、互いに譲らなかった。西郷は決断に苦しんだが、結局、熊本城に池上四郎隊、三千余名の兵をあて、折から南下中の小倉第十四連隊に備えるため、山鹿《やまが》方面に桐野利秋《きりのとしあき》隊、植木方面に篠原国幹隊、田原坂《たばるざか》方面に村田新八隊、木留《きどめ》方面に別府晋介《しんすけ》隊を進軍させた。

この作戦は、南下する政府軍に備えるために、このような布陣になったので、このの ち西南戦争の中心舞台は、熊本城の北方に移ったのである。

西郷軍を寄せつけなかった熊本城の石垣

熊本城の包囲戦は小規模な包囲戦になり、小競《こぜ》り合いが繰り返された。ところがきわめて興味深いのは、この対陣の間に、熊本城の水攻めが行なわれたことである。もっとも戦国時代に豊臣秀吉が行なったような派手な水攻めではなく、城下の坪井《つぼい》川、井芹《いせり》川の水を、堤防によって逆流させ、また近くの白川や用水の堤《つつみ》を切って、城の付近を水浸しにする程度のものだった。この水攻めで城内の兵、西郷軍ともに、泥田状の所では戦闘はできないから、戦線は膠着《こうちゃく》状態になり、そのまま、三月を終わり、四月に入った。

この間に谷村計介伍長が、政府軍に連絡のため城から脱出したとか、奥大隊の敵中突破の連絡とか、いろいろなエピソードはあるのだが、西郷軍が、熊本城北方戦線の不利から、後退のために、熊本城の囲みを解くまでの五十二日間、ついに熊本城は落城しなかったのであった。

●難攻不落の名城を造りあげた、天才加藤清正

今も残る熊本城のみごとな石垣が、最後まで敵を寄せつけなかったことも事実だが、西郷軍が全軍の死力を尽くして、城を総攻撃する時間的余裕がなかったこ

とも、熊本城に幸いしたともいえよう。ともあれ、加藤清正の造りあげた名城が、二百七十年ののち、まさに真価を発揮したのである。

戦国・江戸時代の城郭が、近代的な戦争に巻き込まれた例は多くない。この熊本城と、明治維新のとき奥羽越《おううえつ》列藩同盟が守った三つの城、つまり長岡《ながおか》城と、二《に》本松《ほんまつ》城、白虎隊《びゃっこたい》で有名な会津若松《あいづわかまつ》城である。熊本城は官軍が守り、他の三城は幕府軍が守ったというちがいはあるにせよ、落城しなかったのは熊本城だけであった。

さて、この文字どおりの難攻不落の城である熊本城を、名城に築き得た最大の秘密は何だったのであろうか。

ここで加藤清正の人となりを振り返ってみたい。

清正は永禄《えいろく》五年（一五六二年）、尾張中村《おわりなかむら》（名古屋市）に生まれた。父は加藤清《きよ》忠《ただ》という郷士《ごうし》だったといい、清正が三歳のとき亡《な》くなった。

一説に加藤氏は藤原中納言忠家《ただいえ》の後裔《こうえい》と称し、忠家の子正家《まさいえ》が加藤の武者と号す、というが、このことについての確証はない。清正の祖父に当たる清信《きよのぶ》は美濃《みの》の斎藤道三《どうさん》に仕え、犬山《いぬやま》にいたともいう。

清正は母が秀吉の生母と従姉妹《いとこ》に当たったので、秀吉にあずけられ、十五歳のとき元服し秀吉の小姓《こしょう》の一人となった。二十歳で初陣《ういじん》した。天正《てんしょう》九年（一五八一年）六月の鳥取《とっとり》城攻めのときで、敵の首を一つ挙げている。

藤堂高虎《とうどうたかとら》（3章参照）も初陣で敵の首を一つ挙げているが、初陣に敵の首一つ、というのが多いから、おおかたは誰かが助勢して雑兵《ぞうひょう》の首でも一つ取ることになっていたらしい。取られるほうにしてみればはなはだ迷惑な話である。

それ以来、秀吉の下で歴戦した。備中《びっちゅう》冠《かんむり》城攻め、明智光秀《あけちみつひで》の軍と山崎《やまざき》、丹波《たんば》亀山《かめやま》城に戦い、柴田勝家《かついえ》との決戦となった天正十一年（一五八三年）の賤《しず》ケ嶽《たけ》合戦では秀吉旗下の七本槍《やり》として勇名を馳《は》せた。

天正十五年には秀吉の九州征伐に従い、肥後宇土《うど》城の明渡しを受領し、肥後で佐々成政《さっさなりまさ》が失政すると、その後を受けて肥後半国二十五万石の領主となった。天正十六年、清正二十六歳のときである。

この段階では清正はまだ本格的な築城工事を起こしていない。佐々成政の居城であった隈本《くまもと》城を多少改築した程度で、彼自身は、小田原の北条氏攻めや朝鮮の役《えき》で転戦していたのである。

その朝鮮出兵は文禄《ぶんろく》元年（一五九二年）に行なわれた。これが文禄の役で、日本軍の編成は一番隊から十六番隊まで、なんと二十八万一千八百四十人という大軍であった。清正は二番隊として将兵一万を率いて朝鮮へ渡った。

当時の朝鮮は李《り》氏の王朝であった。朝鮮半島を統一してから二百年以上が過ぎ、これといった戦乱もなかった。政府は文官と武官によって構成され、権力はシビリアン・コントロール、つまり文官が握っていた。

軍隊もあったが長い平和に慣れ、義兵と呼ばれる名家の子弟を集めた軍のほかは官軍という徴集兵だった。この官軍には徴集された土民や無頼《ぶらい》の徒が多く、節制も気概もなかったという。

武器もまた貧弱であった。弓矢や刀槍が主で、鉄砲もほとんどなく、この二年前の天正十八年、対馬《つしま》の宗義智《そうよしとも》が李王に献上したのがはじめてというくらいだから、日本と朝鮮の武力の差は歴然たるものがあった。

そこに戦国の激しい戦闘を経験した日本軍が新兵器の鉄砲を持って侵入したのである。朝鮮こそいい迷惑であった。

●朝鮮の役で清正が得た築城術の秘密

文禄元年四月十七日、釜山《ふざん》に上陸した清正は、彦陽《げんよう》城、慶州《けいしゅう》城、永川《えいせん》城を落とし、五月二日には京城《けいじょう》に入った。さらに兵を進めた清正は臨津《りんしん》、海汀倉《かいていそう》で敵を破り、明《みん》（中国）との国境の会寧《かいねい》にまで進撃した。

しかし、特筆すべき激戦は文禄二年（一五九三年）六月に行なわれた晋州《しんしゅう》城の攻城戦であった。この戦いで、清正は、まったく新しい築城術を学ぶことになった。そしてそれがやがては堅固な石垣を持った比類ない名城、熊本城として結実するのである。

晋州城は慶尚《けいしょう》南道の中心に位置し、南江《なんこう》の左岸に造られた城郭都市であった。文禄元年十月、長岡忠興《ただおき》、長谷川秀一《ひでかず》、木村重茲《しげこれ》ら十六将の率いる部隊二万が三方から包囲攻撃したが、城兵三千八百の守りは堅く、攻城は容易ではなかった。朝鮮側も、おくればせながら鉄砲の鋳造をはじめていて、城内には百七十余丁があったという。

日本側は竹束《たけたば》仕寄《しより》（弾丸よけ）を造って弾丸を避け、雲梯《うんてい》（はしご）で城壁を

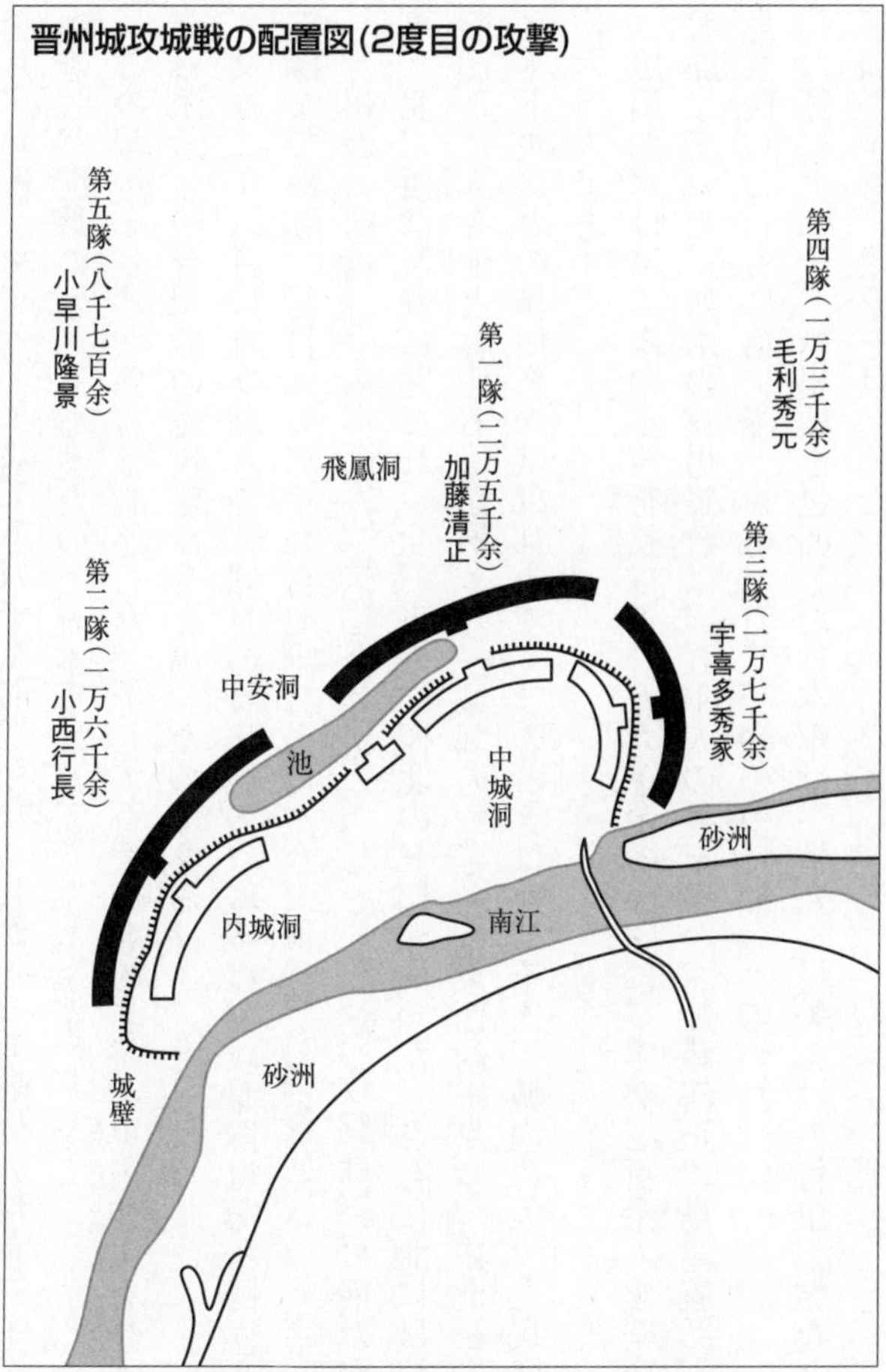

晋州《しんしゅう》城攻城戦の配置図（2度目の攻撃）

登り、井楼《せいろう》（やぐら）を建てて城中を射撃した。しかし、朝鮮側の援軍三千余が到着し、反撃の恐れもあったので日本軍は昌原城《しょうげんじょう》まで撤退した。

この報告を受けた秀吉は激怒した。そして百戦練磨の名将、黒田如水《くろだじょすい》を督戦のため派遣し、晋州城の総攻撃命令を出したのである。

文禄二年六月に行なわれた二回目の晋州城の攻城戦は、攻撃隊は第一隊から第五隊まであり、総員九万二千九百七十二人だった（前ページ図参照）。

晋州城の防備は、南は南江にのぞむ断崖で、ここからの攻撃は不可能だが、東、北、西は城壁に囲まれ、北、東南、西北の三門があった。さらに北には城壁の崖下に大寺池《おおじいけ》と称する濠《ほり》があった。城郭の大きさは東西約一キロ、南北三〇〇メートルほどの楕円形の城郭都市で、このときは兵七千人、城内に入った民衆は約六万人であった。

黒田如水は第二隊の小西行長《ゆきなが》以下一万六千余の部隊に、手勢三百余人を率いて参加していた。如水の長男長政《ながまさ》は、五千人の兵を率い、加藤清正、島津義弘《よしひろ》、鍋《なべ》島直茂《しまなおしげ》らとともに第一隊、総勢二万五千余の中に加わっていた。

六月二十二日、晋州城を包囲した日本軍は、弾丸・弓矢よけの竹束、楯などを連ねて一斉に攻撃をはじめた。

加藤清正《きよまさ》がその築城術を学んだ晋州城の全容

城壁を登る雲梯も用意したが、朝鮮側もよく防戦して戦況は進まなかった。そこで濠の一方を南江まで掘り、水を抜き、これを石、土、草木を投入して埋めた。二十五日になると城壁に近く三十歩ほどの所に丘を築き、井楼を建てて城内を射撃した。

亀甲車《きっこうしゃ》を黒田長政と加藤清正が相談して造ったのはこのときだが、これも如水が長政にさずけた策であったという。

これは四輪の車の上に木の覆《おお》いをして、城壁に近づき、金《かな》てこで城壁の石をいくつかこわして、抜き出し、崩壊させる新兵器だった。しかし敵は亀甲車が近づくと城壁の上から、柴草《しばくさ》に油をそそぎ、火を付けたものを投下し、亀甲車を炎上させたので、日本軍も亀甲車を牛の生皮で数重に覆って城壁に近づき、ついに城壁の破壊に成功した。ここから森本義太夫《もりもとぎだゆう》、飯田覚兵衛《かくべえ》、後藤又兵衛《またべえ》、野村太郎兵衛、堀久七《ほりきゆうしち》などの荒武者が侵入し、晋州城を落とすきっかけを作った。そして、この城攻めが清正にかずかずの教訓を与えることになった。

こうして朝鮮の役での最大の攻城戦は終わったのである。

たしかに清正はこの戦争で築城や戦術に関して多くのものを学んだ。しかし、教訓を得たのはひとり清正だけではなかった。黒田如水もまた、さまざまなものを学んだ。彼らは日本に帰り、それぞれの立場で見聞した技術や思考を生かしたのである。そして加藤氏と黒田氏に、歴史は対照的な道を選ばせることになった。

加藤清正が、この晋州城攻城戦を含めて、五年半、つまり文禄・慶長《けいちょう》の役で朝鮮と戦って得たものは何だったのであろうか。

それは、ひとことで言えば朝鮮ふうの築城術と石塁構築の技術であった。

●熊本城にみる驚くべき石積みの技術

日本の城は、長い戦乱の間に、攻守ともにその築城技術も進歩し、練磨され、最盛期を迎えていた。松永久秀《ひさひで》の多聞《たもん》城、織田信長の安土《あづち》城にはじまる近世大名の居城のあり方は、豊臣秀吉の大坂城で絢爛《けんらん》たる開花をみた。

そののちの大名の居城は、すべてこれらの城の影響を受けていたのだが、清正はその大名の居城に朝鮮の役で得た築城術、石造の技術、城の攻守の教訓のすべてを生かしたのである。そうして一大名の独力で、日本第一の名城を築き上げたのである。

清正が朝鮮にいた五年半の間、彼は多くの城を攻略した。その城には都城あり、山城あり、あるいは臨時の城塞もあった。

その攻城戦では、敵に戦意がなく容易に落ちた城もあり、また、城も頑強で兵も強く、苦戦した城もあった。

その戦いの中で清正が出会ったのは、未知の城の石造の技術であった。その石造法による築城術であった。

もともと日本では、古代から巨石を信仰の対象としてあがめる風習があり、巨大な石には神の心が宿り、邪神や邪悪なものを防ぐ力があると信じられていたが、防塞として使用された例もあった。

歴史的な真実性はともかく、『古事記』や『日本書紀』などの記述では、伊弉《いざな》諾尊《ぎのみこと》が黄泉国《よみのくに》に行き、志許女《しこめ》たちに追われて帰る途中、黄泉比良坂《よもつひらさか》に千引石《ちびきいし》を据えて道をふさぎ、志許女の軍を防いだ、という神話は、日本でも古代から巨石が防塞として利用されていたことを示唆している。

七世紀後半からの大和朝の、半島や大陸からの侵入に備えた西域城塞の山城では、自然石もしくは切石の石塁が、朝鮮半島の百済《くだら》から逃れてきた築城の専門家の指導によって構築されたが、外国軍侵攻の危機が去ると、その技術はその山城とともに忘れられてしまった。

そののち日本の城の主流が武士階級の出現により、武士の居館、居城に移ると、労働力や技術の関係で石塁構築はあまり行なわれなくなった。

十五世紀以後、応仁《おうにん》の乱などにより、日本国内の戦乱が激しく、居城の防備が日常化してくると、権力、財力のある大名、豪族はその居城や防塞に石塁を使うようになる。

こうして少しずつ発達した日本の石造の技術は、地方的な特色をもってはいたが、とくに諸将が、中原《ちゅうげん》に鹿を逐《お》った美濃《みの》、尾張《おわり》、近江《おうみ》などで、軍事的使用のみではなかったが専門の技術者を誕生させることになった。

とくに都に近く、良質の石に恵まれた近江の穴太《あのう》、馬渕《まぶち》などの石工《いしく》が有名になった。

鎌倉時代から戦国時代にかけて、日本の石造、すなわち石積みの方法には原則的に三つの手法があった（41ページの写真参照）。

「自然石積み」は、自然のままの石をそのまま積み上げる方法で、「野面《のづら》積み」ともいう。

「半加工石積み」は、石を多少加工して積み上げる方法で、「打込みハギ」ともいう。

「加工石積み」は、石を方形、長方形、あるいは多角形に切って積み上げる方法で、「切込みハギ」ともいう。

石積みは必ずこの三つの手法のどれかに当てはまるか、あるいはこの混合された様式で、その出来上がった結果にさらにいろいろな名称が付けられている。たとえば角の部分を切石で積み上げたものを算木《さんぎ》積みという。これは易《えき》に使う角棒や運算（数値計算）に使う角棒を角《かど》になるように互いに重ね積みした形からきた呼称である。また布《ぬの》積みというのは、切石が反物《たんもの》の巻かれた太物《ふともの》（綿や麻の織物）の格好に似ていて、これを積み重ねた形に見えることから出た呼称であり、亀甲《きっこう》積みというのは切石が亀の甲状の六角で、これを組み合わせて積んだものである。そのほか乱れ積みとか、笑い積みなどという呼称もあるが、すべて基本的には三つの手法によっている。

「自然石積み」や「半加工石積み」では、石垣、石塁を縦に直線に近い角度で積み上げることは技術的に不可能であり、石塁の線はゆるやかなカーブをもつことになる。

石塁の傾斜、勾配《こうばい》は、自然石積みで四五度、半加工石積みで五五度、加工石積

自然石積み（上）——松阪城
半加工石積み（中）——名古屋城
加工石積み（下）——江戸城

みでも六〇度、というのが戦国時代初期ころまでの技術の最高水準であった。

ところが清正が遭遇した朝鮮の城には、城壁、石塁を切石や煉瓦《れんが》で積み上げ、その勾配は垂直に近いものもあった。また、石塁に傾斜をもたせたものでも、日本の石塁とは異なったカーブを描いていた。

清正の兵がその城壁まで攻めていっても、手がかり足がかりがなくて登ることができなかった。

清正はこの石造の築城法を研究したのである。

とくに、石垣を積む地形の土圧、水圧を計算し、石を密着させる積み方で固定し、その石の重さを荷重《かじゆう》として強固さを増し、安定させる技術を覚えた。

●戦闘城塞熊本城の徹底解剖

文禄の役の講和が破れ、再び朝鮮へ出兵（慶長の役）した秀吉だが、慶長三年（一五九八年）八月、病いには勝てず大坂城内で死んだ。清正らは、その訃報《ふほう》に兵をまとめ、日本へ帰ってきたのである。

秀吉の死後、清正は石田三成《みつなり》と相容《い》れず、関ヶ原合戦では、徳川家康に助勢した。関ヶ原には直接参加はしなかったが、肥後で大坂方の小西行長の宇土城を攻め、その戦功によって肥後五十四万石の太守となったのである。

清正が本格的に熊本城築城をはじめたのは、この関ヶ原合戦の翌年、慶長六年（一六〇一年）からであった。そして六年後の慶長十二年に完成した。

熊本城が完成した慶長十二年（一六〇七年）、天下の実権は徳川家康に帰していたが、一大名となったとはいえ、大坂城には豊臣秀頼《ひでより》がいて、豊臣恩顧の大名たちの動向は必ずしも、徳川一辺倒ではなかった。

このような時期に完成した熊本城は、単なる領国統治の城だけではなく、数万の大軍を迎えても不落を誇る戦闘城塞でもあった。

清正は新しい城地として隈本城につらなる茶臼《ちやうす》山という丘陵を選び、ここに本丸を置き、山麓にかけて東の丸、竹の丸、飯田丸、数寄《すき》屋《や》丸、嶽の丸など諸郭《くるわ》を置き、それを囲んで外郭を造った。

城内には一の天守（大天守）、二の天守（小天守）、三の天守（宇土櫓《うどやぐら》）をはじめ十八基の櫓、四十九基の櫓門のほか多数の建造物があったが、熊本城の特色はこれらの建物ではなく、城郭自体の構造とそれぞれの郭に設けられた石塁にある。

清正は土圧、水圧、荷重を計算し、表面全体をなめらかな線をもって石垣を築いた。単に朝鮮の石積みをストレートに採り入れたのではなく、急峻な石塁があるかと思えば、本丸天守台石塁のように扇の勾配を意識的に使用したものもある。そして、もっとも有名なのが武者返しといわれる石垣である。これは下部の曲線はゆるやかで途中まではだれでも登ることができる。ところが急激に曲線が変化し、八〇度というほぼ垂直に近い角度となる。これではもう登ることはできない。城郭の構成もそれぞれの郭に、清正独特の郭の形と結合法がとられ、まさに金城鉄壁という形容にふさわしい。

石塁の構築には、朝鮮の役で清正と生死をともにして戦った侍大将飯田覚兵衛と、足軽大将三宅《みやけ》角左衛門らが主に指揮をとったが、とくに飯田覚兵衛が心血をそそいだ郭には飯田丸という名が残っている。

この熊本城の広さは、東西十四町（約一・五キロ）、南北十八町（約二キロ）で、面積約七六万平方メートル、江戸城の二三〇万平方メートル、名古屋城の九一万平方メートルに次ぐ、日本で第三位の広大な城であった。

独特の構成をもつ熊本城（正保城絵図）と加藤清正《きよまさ》

●黒田如水《じょすい》はなぜ天守閣を築かなかったか

加藤清正は朝鮮で築城術と石塁の技術を学んだ。一方、黒田如水《じょすい》は晋州城攻防戦で城郭都市の強固さというものを学んだのである。

晋州城は城自体も堅固であった。しかし、それ以上に、丘や川など自然の条件を巧みに利用して都市全体を城郭としていたのである。その城郭都市の構想を黒田如水は福岡城築城の際に生かしたのである。

福岡城の遺構の主要部分は、平和台《へいわだい》球場跡の近くに残されている。本丸の石塁や天守台などだが、その壮大さには目をみはるものがある。だが、ここに天守閣はなかった。

黒田如水、長政父子は、なぜ福岡城のような宏壮な城を築きながら、天守閣を造らなかったのであろうか。

黒田如水は、加藤清正とともに戦国の名将であるが、如水も清正も、朝鮮の役の際、一時期は石田三成との不和もあって、秀吉にうとまれた。そして秀吉の死後、関ヶ原合戦では、二人とも徳川方に助勢している。ただ大きな違いは、如水には長政という武将としても優れた成人した男子がいたのに、清正の子はまだ幼児であったということである。

如水は、秀吉からにらまれたとき、さっさと出家してしまった。これは秀吉が、自分の死後、天下を狙《ねら》うものの一人に如水がある、と側近に洩《も》らしたのを聞いたために、いち早く、黒田家の安泰を考えて、自分はすでに世事に関心がない、という態度を秀吉に対して申し開きをしたのであった。

この後、如水はもっぱら息子の長政を前に出して自分はその陰に入ってしまった。

しかし如水が最後に知恵をしぼったのは、福岡城築城だった。

関ヶ原合戦ののち、黒田長政は筑前《ちくぜん》五十二万石に封ぜられたが、はじめ小早川《こばやかわ》隆景《たかかげ》が居城としていた名島《なじま》城に入った。ここは三方を海に囲まれている丘陵の要害の城で、水軍の基地を兼ねた名城だが、五十二万石の太守の居城としては狭小であった。

そこで長政は、城地の候補として荒津《あらつ》山、住吉《すみよし》、箱崎《はこざき》の三カ所を選び、父如水に相談した。荒津山は山地にすぎ、住吉と箱崎は平地にすぎて、洪水、水攻めのおそれもある、と如水は指摘し、改めて博多《はかた》湾にのぞむ福崎《ふくざき》という台地に城を造ることを長政にすすめた。

築城工事は慶長六年（一六〇一年）からはじめられた。清正の熊本築城と同年である。そして完成も同じく慶長十二年だった。

福崎は博多湾にのぞむ丘陵で、そこに本丸を置き、東に東の丸、二の丸、水の手を造り、西に三の丸、南に二の丸を設け、その周囲に外郭を築いた。城内には四十八の櫓が造られたが、壮大な天守台の上に天守閣は出現しなかった。

その総面積は約二六万平方メートルで、宏壮な大城郭だが、熊本城の七六万平方メートルに比べると、三分の一の大きさである。

天守閣をわざと造らなかったこと、城の大きさを熊本城より小さく、会津若松城や姫路《ひめじ》城ほどにしたことに、如水の幕府に対する臣従のゼスチュアと読みがあったのである。

如水には先見の明があった。秀吉にうとまれると、ただちに隠居してしまったこと。秀吉の死後は、これからは徳川の時代だということを知って家康に近づき、長子の黒田長政が五十二万石の領主になったのち、家康から恩賞を別に与えられるのを断わり、徳川家大事の心証を長政とともに表わしていること……。

そして、なによりも如水は時代を知っていた。もう戦国時代ではないのであ

福岡城の天守台（上）と黒田如水《じょすい》

る。強大な城は必要ない。これからの城は戦うためのものではなく、国を治めるためのものである……。

城郭都市に見られる領国統治の政治的形態は、平和な時代の城の在《あ》り方をも示唆していると如水は考えた。

徳川幕府は慶長《けいちょう》の一国一城令で、一つの居城を持つことは認めたものの、それが将来、幕府に対して反抗の根拠になるような大城の出現は喜んではいなかったのである。熊本城のような金城鉄壁の出現は、幕府にとってきわめて不愉快なものだったのである。

この如水の平和的城下町経営のゼスチュアという計算は、みごとに当たって、のち黒田家安泰の一つの要因ともなった。

●なぜ黒田家が残り、加藤家は断絶したのか

熊本城築城を終えた清正は、家康から名古屋城の天守台構築を命じられ、独力で完成させた。そして大坂の陣に先立つこと三年、慶長十六年（一六一一年）、五十歳で急死した。

清正の死後、そのあとを継いだ忠広《ただひろ》の代になっても、加藤氏家伝の石造技術は高く評価され、江戸城・大坂城築城に重要な郭の石塁構築を命じられている。

加藤忠広は清正の三男だが、清正三十九歳のときの子どもである。清正が朝鮮の役から帰国してからの生まれで、戦国の武将の子どもとしては例外ともいえるくらい遅い。清正が死んだとき十一歳で、五十四万石の太守としては若年すぎた。そのため幕府の命で藤堂高虎が肥後に行き、国政を後見した。

慶長二〇年（一六一五年）の大坂の陣のとき、忠広は十四歳であったが幕府の命令で肥後にとどまり、豊臣寄りと思われた薩摩《さつま》の島津氏の動向に備えた。

しかしそののち、この若年の領主をいただく五十四万石の大藩では、家臣の間で争いがあり、元和四年（一六一八年）お家騒動が起こった。

このとき加藤右馬允《うまのじよう》一派は、反対派の加藤美作《みまさか》らが、大坂の陣のとき大船を造って大坂の豊臣氏に援軍を送ろうとしたこと、徳川軍の一時的な敗報を聞いて喜んだことなどを幕府に訴えた。自分たちのお家騒動を幕府に訴えるとはとんでもない家臣がいたものである。

寛永《かんえい》九年（一六三二年）になって、忠広は江戸に召喚され、五十四万石の封領を没収され、出羽庄内《でわしようない》に配流された。その子光正もまた飛驒《ひだ》にお預けとなった。

このときの表面上の加藤家の罪状は、忠広が江戸で生まれた子どもを、幕府の禁に反して肥後に密かに送ったとか、土井利勝《どいとしかつ》の計略で、諸侯の徳川家に対する忠誠心をさぐるために、駿河大納言忠長《するがだいなごんただなが》を将軍に擁立するという廻文《かいぶん》を大名のところに回したが、それぞれ大名たちはこの廻文をただちに幕府にとどけ出たにもかかわらず、忠広だけはこの書状を幕府に提出しなかった。ということは、徳川幕府に対して二心がある、とされたなど、諸説がある。

要するに些細《ささい》なことで忠広は、幕府の外様《とざま》大名取潰《つぶ》し政策にひっかかったのである。

これは、忠広自身が英邁《えいまい》な領主ではなかったことを物語っているが、さらに清正の死後、忠広を補佐し、五十四万石の加藤家を安泰に守れる家臣たちがいなかったことをも意味している。

だが、本当の原因は熊本城の堅固さにもあった。これだけの城を持つ外様大名の加藤氏を、幕府は恐れたのである。取潰しの理由は何でもよかった……。

清正が築きあげた名城も、五十四万石の所領も、わずか二代で他人の手に渡ってしまった。このあとには小倉の細川忠利《ただとし》が入城し、世襲して明治を迎えた。名城であるがゆえの悲劇であった。

一方、黒田家は、そのまま世襲して明治を迎えた。

黒田家が加藤家と異なり、五十二万石の大封を明治までよく保ち得たのは、如水、長政父子が武将としても、政治家としても優れていたためだが、徳川幕府に、外様大名取潰し政策のつけ入るすきを見せなかったためである。

如水、長政父子は、冷徹に時流を読み、徳川幕府に対して臣従したと見せる保身術を画策していた。その一つが前述したように福岡城築城にも現われている。

この保身術は、外様の大藩である、加賀《かが》百万石の前田氏、陸奥《むつ》六十二万石の伊達《だて》氏、薩摩七十七万石の島津氏などにも共通している。

城はあくまでもそこに住む人によって生きる。猛将と呼ばれるにふさわしい加藤清正と、政治家と呼ぶにふさわしい黒田如水との差が、激しい時代の流れの中で、みごとな対照を見せたのである。

2

なぜ、秀吉は三木《みき》城攻めに二年もかかったのか

――三木城・鳥取城・高松城、天下人《てんかびと》に押しあげた中国路包囲戦の謎

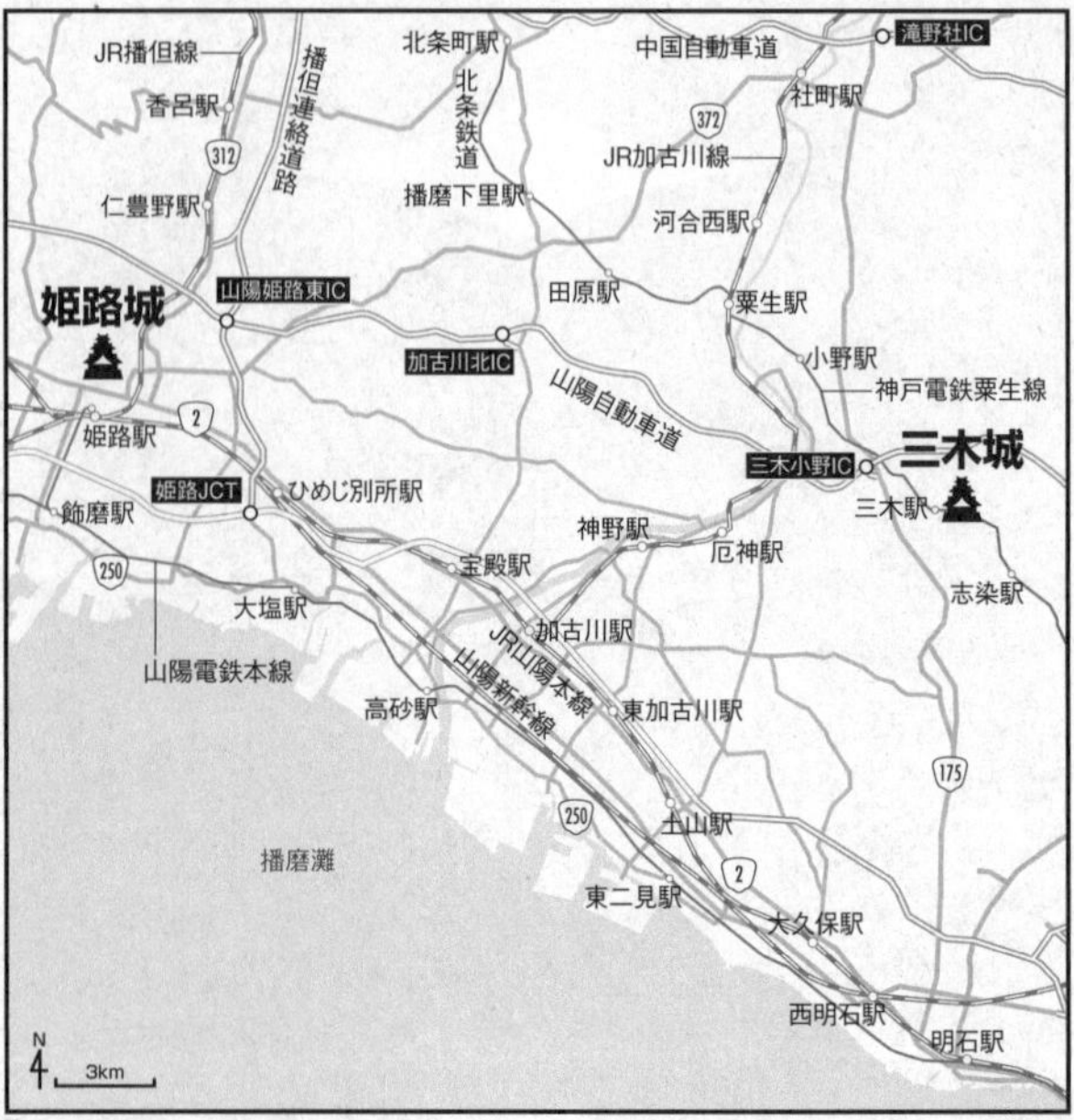

●この章に登場する主な史蹟

三木城

犬山城

鳥取城

高松城

姫路城

●日本史上最長の籠城《ろうじょう》戦はここに始まった

兵庫県三木《みき》市本町に一つの丘陵がある。

今では、町を望むなだらかな丘にすぎないが、ここが、かつての三木城の本丸だった。

天守台跡に、

「今はただうらみもあらじ諸人《もろびと》のいのちにかはる我身と思へば」

と歌を刻んだ石碑が建っている。

三木城城主、別所長治《べっしょながはる》の辞世の歌で、落城の際に詠《よ》んだものである。

この戦いは、城攻めの名人豊臣秀吉（当時はまだ羽柴《はしば》秀吉という名だが）が、二年もかかってようやく落城させた、日本でいちばん長期にわたった攻城戦である。

別所氏二十四万石の三木城は、三千の兵が守っていた。攻める秀吉は三万の大軍である。このように兵力に圧倒的な差がありながら、なぜ落城まで二年間もかかってしまったのであろうか。

秀吉の攻め方が適切でなかったのか、それとも三木城が名城だったのか……。

三木城を築いたのは別所頼清《よりきよ》である。この別所氏は、播磨《はりま》国の豪族、赤松《あかまつ》氏の一族であり、赤松氏の先祖は村上《むらかみ》天皇の第七皇子具平《ともひら》親王である。それから八代目の季房《としふさ》のとき、播磨国佐用《さよ》郡赤松庄に居を構え、赤松氏を名乗った名門である。

この季房の孫が頼清で、東播磨の守護職となり、居城として三木城を築いたのである。

このときから頼清は別所氏を名乗るようになった。三木城築城の正確な年はわかっていないが、応永《おうえい》年間（一三九四～一四二八年）だろうといわれている。

嘉吉《かきつ》元年（一四四一年）、別所氏の本家、赤松満祐《みつすけ》が、将軍足利義教《あしかがよしのり》を謀殺する嘉吉の乱が起こり、満祐は、幕府の山名《やまな》氏、細川氏らの軍の追討を受け、坂本《さかもと》城・木山《きやま》城などを落とされ、自刃した。

このため別所氏も、所領、三木城を没収され追放された。その後細川勝元《かつもと》と山名宗全《そうぜん》が争った応仁《おうにん》の乱（一四六七年）が起こり、別所則治《のりはる》は細川勝元に加勢し、旧所領を回復して、明応《めいおう》元年（一四九二年）、再び三木城を構築して釜山《かまやま》城と名づけた。やがて別所氏は、本家の赤松氏の没落とはうらはらに、東播磨八郡二十

三木《みき》城落城絵巻（三木市法界寺蔵）

四万石の領主となり、三木城は、播磨国では第一の堅固な城となった。

別所則治の曽孫、安治《やすはる》のころは別所氏は織田信長と盟友関係にあった。信長は近畿を平定し、いよいよ中国地方に兵を進める段になっても、当然、別所氏は織田軍の味方になると考えていたようである。

しかし、当時の勢力地図を見れば明らかなように、播州《ばんしゅう》はきわめて微妙な位置にあった。中国には毛利氏が強大な勢力をもって京都をうかがっていたし、その京都は織田に押さえられていたのである。別所氏はいわば二強のはざまに置かれていたのであった。

別所長治が三木城の当主になったとき、信長は中国征伐を秀吉に命じた。まだ三木城をはじめ播州に割拠していた城主たちは態度を決めかねていたころである。

●なぜ、三木城は毛利《もうり》側についたのか

秀吉は、中国攻めに先立ち、播磨加古川《かこがわ》城に各城主たちを招き、織田軍へ加勢するよう説得し、その約束を取りつけた。

播磨は戦わずして自分の陣営に引き入れられたかにみえた。だが、秀吉には大きな計算違いがあった。作戦会議の席上で東播磨の実力者である別所一族を、自分の配下であるかのように扱い、命令したのである。かりにも東播磨二十四万石の城主である。いくら強大な織田家とはいえ、一介の武将である秀吉にこんな仕打ちを受けるいわれはない。別所一族は秀吉に反感をもち、自分の所領に引き揚げてしまった。

一説に、織田軍に反旗をひるがえした伊丹《いたみ》城の荒木村重《あらきむらしげ》に対する信長の過酷な処置への反発だともいう。すなわち信長は反抗した荒木村重の有岡《ありおか》城を攻め、村重は城を脱出したが、有岡城が落城すると、信長は、村重の妻をはじめ家族三十六人を京の六条河原で斬殺《ざんさつ》し、家臣の婦女百二十人をはりつけにし、さらに五百人を焼殺した。この信長の大量処刑は、自分に反抗する者への見せしめだったが、その残酷さは全国に風評となって流れていた。播州の豪族たちがこの信長の行為に根強い不信をもっていたことは間違いない。

そののち秀吉は、別所氏に対して謝罪、慰留につとめたが、ついに別所氏は戻ってはこなかった。そして逆に、毛利氏と盟約したのである。

ところが、毛利氏につくという通告は、秀吉にはなされなかった。そして、密かに三木城では、兵糧《ひょうろう》を貯え、武器を調整し、城を補修して戦さの準備をしていたのである。三木城からの密使は東播磨の主な城主のところへ走り、有力な城であった高砂《たかさご》城、野口《のぐち》城、神吉《かんき》城、志方《しかた》城、端谷《はしたに》城などの豪族がこれに応じた。

秀吉は第一段階の折衝で東播州一帯を敵に回してしまったのである。

大村坂《おおむらざか》に陣を構え、秀吉は三木城の出方を見守っていた。しかし、準備を整えた別所軍は天正《てんしょう》六年（一五七八年）四月五日、播州の同盟軍と打ち合わせて夜襲をかけたのである。

不意を衝《つ》かれた秀吉の軍は大混乱を起こし、緒戦は別所軍の勝利に終わった。

●秀吉は、なぜ短期決戦を挑まなかったのか

秀吉は、通報もないまま開戦し、しかも不意討ちをかけた別所長治に、大いに怒った。しかし、三木城の防備の固いことを知った秀吉は、ひとまず姫路の書写《しょしゃ》山《ざん》に引き揚げ、ここを本拠として三木城攻めの軍議を開いた。姫路を拠点としたのは、姫路城主の黒田孝高《よしたか》（のちの如水）が秀吉に加勢したためである。

こうして日本の合戦史上、まれにみる長期の攻城戦が始まったのである。話はそれるが、関ヶ原合戦に向かう徳川秀忠《ひでただ》軍が、途中で真田《さなだ》氏の守る上田《うえだ》城に手を焼いたことがあった。秀忠軍は真田のゲリラ戦に悩まされ、ついに関ヶ原合戦に間にあわなかったため、家康にこっぴどく叱《しか》られたのである。こういう場合は、城を押さえるだけの兵を置いて、本隊は先に進めばよいのである。それが侵攻作戦の原則である。

だが、三木城攻めの秀吉にとっては、この城をそのままにして先に進むことはできなかった。三木城は、どんな犠牲を払っても落とさなければならない城であった。東播磨の諸将が味方になると信じて姫路まで兵を進めてきた秀吉である。この城を残せば近畿の織田軍は分断され、秀吉は背後を断たれてしまう。そうなったら毛利攻めどころではない。それほど大事な城だったのである。それはまた、毛利氏にとっても同じことであった。

しかし、なぜ秀吉はこの城攻めに二年もかかったのだろうか。三木城は、それほどの名城だったのであろうか。しかし、この戦いについて問題はむしろ秀吉側にあった。

まず第一に、三木城を落とす前に、別所氏と同盟している東播磨の各豪族たちの城を一つずつ落とさなければならなかった。しかもこれらの城がそれぞれ強かったのである。

第二に、毛利方の攻撃で苦戦している尼子《あまこ》氏の上月《こうづき》城も救援しなければならなかった。

そして第三に、これが最大の要因になるのだが、秀吉は当時一介の武将にすぎなかったということである。三万の軍とはいっても、そのすべてが秀吉直属の部下ではなかった。信長の長男、信忠《のぶただ》などの軍もまじっており、その混成軍の総大将というにすぎなかった。いちいち作戦会議を開き諸将に諮《はか》る、これでは大胆な行動はとれない。

別所氏の奇襲があってから約三カ月、秀吉の難戦ぶりを示す一例として、神吉城の攻防戦がある。六月二十七日、神吉頼定《よりさだ》が籠《こも》る神吉城を織田信忠の軍が攻めた。城内の抵抗は激しく、一カ月もかかってようやく落城させた。

このころになって、大勢は秀吉方に傾いてきた。櫛橋伊則《くしはしこれのり》の籠る志方城には一千の兵が守っていたが、秀吉は八千の兵で攻撃してこれを落とし、ついで衣笠範《きぬがさのり》景《かげ》の端谷城も落城させた。

こうして秀吉は、大村坂の緒戦から八カ月たって、やっと三木城に対する包囲

城攻め失敗の好見本となった信州上田《うえだ》城

をせばめ、天正六年の暮れには三木城をほぼ孤立させることができたのである。

●ついに成功しなかった毛利軍の救援

ここで一つのことに気づくはずである。秀吉の大軍を迎えた東播磨の各城主たちは、すべて籠城という戦術をとっている。戦国時代の合戦のスタイルは、一般に野戦である。武田・上杉の川中島《かわなかじま》、武田・徳川の三方《みかた》ケ原《はら》を例に挙げるまでもなく、ほとんどは城から打って出て、山野で雌雄を決していた。〝城を枕に討死《うちじに》〟というケースはあまりなかった。

籠城には二種類ある。力の差はあるがそれほど大きくはなく、城の守りも堅く、一斉の総攻撃にも耐えられ、戦いが長びいて敵が不利になったところで和議を結ぶという手がある。しかしこの戦術は、作戦、見切りを誤れば、必ずしもいい戦術とはいえない。浅井長政《ながまさ》は小谷城《おたにじょう》に籠城したが、信長軍は囲みを解かず、和睦の交渉も成立せず、ついに落城の悲運を迎えた。

籠城戦術をとるもう一つのケースは、強力な援軍が必ず来る、という場合である。東播磨の城主たちがそうであった。ひたすら時間をかせげば毛利の大軍が援《たす》けに来てくれる。彼らはそれを信じていた。したがって小谷城とは違って、城内の士気はきわめて高かった。雑兵《ぞうひょう》にいたるまで逃げ出すことはなく、断固として戦ったのである。

開戦から八カ月、三木城のほうでも、ただ手をこまねいていたわけではない。同盟する城の救援にたびたび兵を出し、秀吉軍の背後を混乱させていた。しかし包囲は堅く、小競《こぜ》りあいを繰り返すだけで有効な反撃はできなかった。

もちろん毛利氏も、これらの諸城を見殺しにするつもりはない。天正六年（一五七八年）十月には毛利輝元《てるもと》は、みずから吉川元春《きっかわもとはる》、小早川隆景《こばやかわたかかげ》の諸将を率い、三百隻《せき》の軍船に三千五百余りの兵を乗せ、高砂城を救援し、一時は成功したのだが、輝元は深入りをせず引き揚げている。

こうして年が明けた天正七年二月六日、三木城内の兵が約三千名、二隊にわかれて秀吉の本陣のある平井山《ひらいやま》を攻撃した。別所軍にとっては必死の作戦だったが、激戦の結果、別所軍は大きな打撃を受けて敗退した。部将・兵が多く討死し、この一戦を機に城の兵力は低下した。

もちろん、この東播磨の状況を毛利氏もよく知っていた。毛利氏もたびたび援軍を出してはいたのである。秀吉軍を分断させるために上月城の尼子氏を攻めたのもその一例である。この攻撃で秀吉の救援も空しく、尼子勝久《かつひさ》は自刃、上月城は落城してしまった。

そして天正七年三月、瀬戸内海を制していた強力な毛利水軍がさらに三木城救援を開始した。兵員と食糧を二百隻の軍船に積み、高砂城を落とされた毛利氏は今度は明石《あかし》の西、魚住《うおずみ》の浜に船を向けたのである。

しかし、このときは情報を早くもキャッチした秀吉が、海辺に大軍を派遣して、厳重に警戒したので、毛利軍は上陸することもできず、そのまま船を兵庫の港に回し、食糧と兵を花隈《はなくま》城に入れた。

しかし、ここから丹生《にう》山、淡河《おうご》、高男寺《こうなんじ》を通って、三木城に食糧を運ぶ間道も、秀吉に探知されて、その経路である淡河城、丹生城などを占領され、三木城へのこのルートからの食糧搬入も絶たれてしまう。

三木城では、それまでわずかながら搬《はこ》び込まれる鮮魚などを、井楼《せいろう》の上から包囲軍に見せびらかして、秀吉軍の兵糧攻めに対して城の食糧の搬入と余裕を誇示していたが、もうそれどころではなくなってしまった。

毛利軍は先の失敗にもあきらめることなく、さらに加古川左岸を迂回《うかい》して、三木城の東北部、平田、大村という方向から、食糧の補給をしようとしたが、この

関白太政大臣・豊臣秀吉（上）と名軍師・竹中半兵衛《たけなかはんべえ》

ルートも秀吉軍に知られ、逆に物資を奪われてしまった。

しかし、秀吉のほうもいいことばかりではなく、六月十三日には、平井の陣屋で病気だった竹中半兵衛《たけなかはんべえ》が死亡。

半兵衛は、永禄《えいろく》十年（一五六七年）以来、秀吉の軍師をつとめ、この当時第一の智謀の人であったという。年三十六であった。

巷説に、信長も秀吉も、半兵衛があまりにも戦略に優れていたのでその才を恐れ、目覚ましい戦功にもかかわらず、一国の領主にはせず秀吉の側近に置いたが、半兵衛もそれを推察して、三木城が落ちたら、高野山《こうやさん》に登って時勢を傍観するつもりだったという。また三木城を囲むとき、その情勢を見て、兵糧攻めの策を立てたのも半兵衛だった。

●完璧《かんぺき》だった秀吉の諜報網

毛利氏は、それでも別所氏の三木城救援はあきらめず、天正七年（一五七九年）九月十日、毛利の援軍を、細作《さいさく》（スパイ）、桂兵助《かつらひょうすけ》に先導させて、秀吉軍攻撃に向かわせる。そして秀吉の包囲陣の中で、いちばん手薄と思われた平田の陣を突破しようとした。

平田の陣を守っていた谷大膳《たにだいぜん》の兵は、毛利軍の夜襲に混乱したが、これを聞いた秀吉は、平井の本陣から、みずから兵を率いて出撃し、毛利勢と、三木城から出撃してきた兵とを討って大打撃を与えた。この戦いも激戦だったが、毛利軍、別所軍ともに破られて、これからのち三木城は、毛利からの援軍、食糧の補給の望みがまったくなくなってしまったのみでなく、城兵の戦力も度《たび》かさなる敗戦に激減していった。

この戦勝で、秀吉はさらに城に対する包囲の輪をちぢめていった。

秀吉の包囲陣と、城との間はわずかとなり、あまつさえ秀吉の築いた二重の塀は、その高さが七メートルもあり、さらにその前方には逆茂木《さかもぎ》（トゲのある木）を植え、柵まで立てたので、城兵は一人も城外に出ることができなくなってしまった。

三木城は、きわめて要害堅固、というほどの地形の城ではない。しかし別所氏は所領が二十四万石もあり、当時の城としては、相当の土木工事を施した実戦的な城だった。

しかし、どんな名城でも、籠城というのは、無制限にできるものではない。

三木城に対する毛利軍のたびたびの救援が、ほとんど不成功に終わったとき、城の命運も尽きたといえるだろう。

毛利軍の救援は、けっして通りいっぺんのものではなく、同盟の別所氏に対して、出来得るかぎりの救援策をとったのだが、その大部分は失敗に終わってしまった。

これは、秀吉の張りめぐらした諜報網が完全だったために、毛利軍の救援の情報が手にとるように秀吉のところに入ったためであり、さらにその情報にしたがって、機動力のある行動で、毛利の援軍を破り、逆に食糧を奪ったためだった。毛利軍の救援の不成功は、秀吉の諜報網と、機動力に破れたためである。

別所長治の守る三木城は、年が明けて天正八年(一五八〇年)になると、城内に用意された糧食が底をついた。

城内では、野草、木の皮、犬、猫、鼠まで食べ、戦闘に不可欠な馬まで食べてしまった。そして死人まで食べはじめたという報告を聞き、ついに長治は覚悟を決めて降伏したのである。条件は、自分と一族の自害を引きかえに、城内の将兵を助けてほしいということであった。

天正八年一月十七日、長治は辞世を詠んで一族もろとも自刃した。こうして日本一長い籠城戦は幕を閉じた。

●なんと四度も落城した犬山城《いぬやま》

三木城攻城戦は、その費やした時間、その戦闘の激しさ、両陣営の作戦、どれをとっても歴史的なものであった。しかし、戦国時代の城攻めがすべてこうであったわけではない。

ある意味では、逆に三木城は、日本の戦史に残る攻城戦の、一つの特異的な例といえるかも知れない。

日本には文献、歴史に登場する城は、数万といえるのだが、その中でも三木城の場合は、きわめて希有《けう》な運命をたどった城、というべきだろうか。

造られてから、一度も落城の悲運に遭わなかった城も数多い。

しかし、不幸にも一つの城で、たびたびの落城のうきめに遭った城もあるのだ。

木曽《きそ》川の流れに、みごとな美しさを映している犬山城、この城の歴史は落城の歴史である。

犬山城はそんなに弱い城だったのだろうか。またなぜそのような場所に繰り返し城を造ったのだろうか……。

日本の城――といっても近世大名の居城だが――の中には河岸《かわぎし》の景勝の地に造られたものは少なく、あるいは犬山城のみと思われているが、これは必ずしもそうではない。

大名の居城を、残された精密な絵図によって調べてみると、川にのぞむ美しい城は数々ある。たとえば、徳島城などは中国の景勝の地・渭水《いすい》によく似ているというところから渭津《いしん》城という呼称があるほど、水流に沿った名城だった。小高い丘陵ではないが、広島城も中津《なかつ》城も川辺の名城だった。しかしこれらの城は、明治維新ののち、町が発達して城地まで人家が建つようになり、築城当時の面影をまったく失ってしまったのである。

犬山城の周辺も、明治以降、だいぶ変化があったのだが、木曽川の流れと犬山城の天守閣が立っている丘陵の位置関係はそのまま残った。最近では、城のある丘の近くにホテルなども建って、その景観も変化しつつあるが、犬山城天守閣が川の流れにその姿を映す美しさには変わりない。

犬山城は、文明《ぶんめい》元年（一四六九年）、室町幕府管領《かんれい》、斯波義廉《しばよしかど》の家臣、織田広《ひろ》

木曽《きそ》川にのぞむ犬山《いぬやま》城（上）とその天守閣

近《ちか》が、木曽川の左岸に城を築いたことにはじまる。この城は、木《き》ノ下《した》城といい、本丸は平地にあったが、城地の北の木曽川河岸の丘には、出城《でじろ》のような砦《とりで》が築かれた。

広近から五代目の信康《のぶやす》のとき、天文《てんぶん》六年（一五三七年）、城の本丸を川岸の丘に移した。これが今も残っている犬山城である。

犬山城第一回の落城は、永禄七年（一五六四年）、信康の子信清《のぶきよ》が城主のときである。尾張《おわり》国守護職の守護代である織田氏の一族ではあるが、不和の織田信長三千の兵に城を攻められ、あっさりと城を明け渡してしまった。

第二回の落城は、天正十二年（一五八四年）である。このとき犬山城は、織田信長の次男、信雄《のぶかつ》の持城で、その家臣中川定成《さだなり》が城主だった。本能寺《ほんのうじ》の変で死んだ信長の跡目相続のことで、羽柴秀吉と徳川家康が争い、秀吉は部下の池田恒興《つねおき》に命じて犬山城を攻めさせた。

このとき恒興は五千の兵、その子輝政《てるまさ》も三千の兵を率いて、犬山城を川と陸から、夜襲した。城主の中川定成は主君の信雄に従って家康方につき、小牧《こまき》・長久《ながく》手《て》に出陣中で留守、定成の叔父の清蔵主《せいぞうす》という武者法師が城を守っていたが、落城してしまった。

さらに、豊臣秀吉と徳川家康が対決した小牧・長久手の戦いの後半、犬山城に森長可《もりながよし》がいるとき、近くで家康の軍と戦い、敗れている。実際には落城に等しい敗戦である。これが三回目の犬山城の落城である。

第四回の落城は慶長《けいちょう》五年（一六〇〇年）関ヶ原の戦いのときで、城主は豊臣秀吉の武将である石川光吉《みつよし》だが、西軍に属していたため、東軍の福島正則《まさのり》の大軍に囲まれた。光吉は、籠城してもまったく勝ち目がないことを知り、城を明け渡してしまった。

●狙われやすい位置にあった犬山城の不幸

犬山城がたびたび落城したのは、この城が数万の大軍を相手に戦える規模の城ではなかったためである。

天文六年（一五三七年）の築城以来、この城の防備の構想は、せいぜい二、三千ほどの敵を防ぐのがやっと、という程度にしか造られていなかった。城の大きさからいっても、城内の守兵は、これも二、三千の数しか収容力がなかった。城の規模としては、ある日時、敵をささえる砦のような小城だったのである。

それでは、なぜそのような弱小の城が、増強もされずに再三修築し、実戦に使われたかといえば、それはこの地点が、中原《ちゅうげん》に鹿を逐《お》うといわれるほどの、戦国時代の争乱の中心地に近かったせいである。犬山は名古屋市の北方に位置し、濃尾《のうび》平野の要衝である。そして濃尾平野こそ、関ヶ原合戦など多くの戦さが展開された〝中原〟であった。多くの武将はこの地を平定しようと軍を進めたし、そのための戦闘的な城が、拠点としても必要だったのである。そんなわけで、この犬山の地を、自分の領国の中心となる強固な城を築く候補地としては誰も選ばなかった。それほどこの地は危険であった。他の武将から狙われやすい位置にありすぎたのである。要するに、濃尾平野を治めたり、出撃したりする戦術上の重要地点ではあるが、政治、戦略上の本拠にはできなかったのである。

しかし、犬山城の天守は、今も残っており、日本のオリジナルな木造天守の中では最古のものとされている。

この天守の建造にも謎の部分があって、かつて、慶長四年（一五九九年）、石川光吉が城主のころ、美濃金山《みのかなやま》城（兼山城）の天守を解体して、木曽川を流し犬山に搬《はこ》んで再建した、という、俗にいう「金山越し」説が採《と》られていたが、昭和三十九年の解体修理の結果、そのような木組の痕跡《こんせき》がない、ということで否定さ

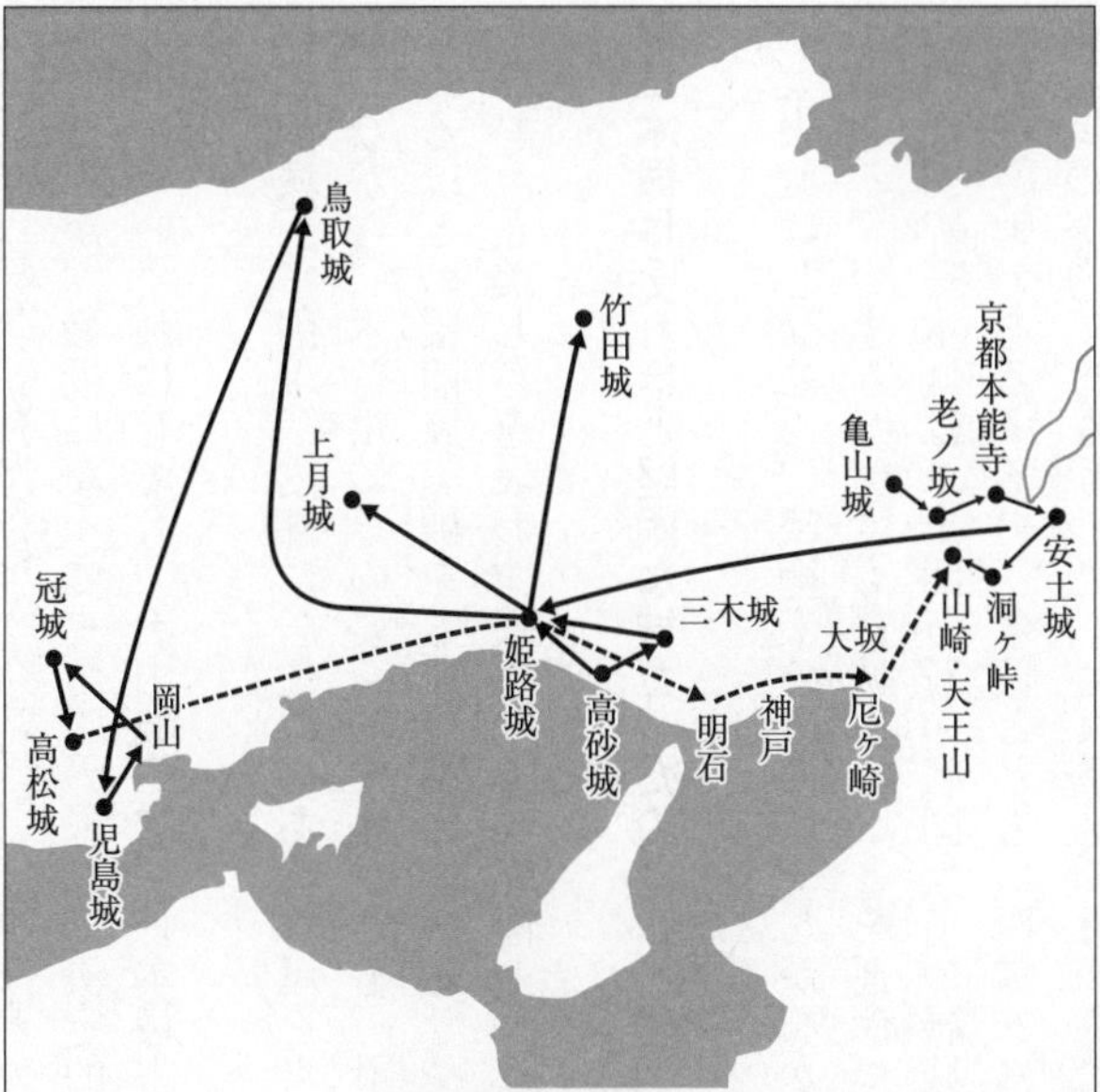

太線は秀吉軍の進路

京を出発した秀吉軍は、姫路城に入り、竹田、上月など多くの城を落としたのち三木を攻めた。ふたたび姫路に戻り、鳥取に向かった。鳥取を落としてから児島城、冠城などを攻め、高松城を囲んだ。

細線は光秀軍の進路

亀山を出発した光秀軍は、老ノ坂で一転して本能寺に向かい、信長を攻めたあと安土城に入った。

点線は秀吉軍の帰路

高松城の囲みを解いて、ひたすら猛スピードで京に戻った。

五年間にわたった秀吉の中国征伐

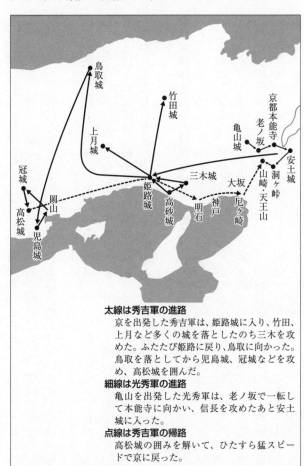

れ、「金山越し」の伝えは、天守以外の櫓《やぐら》などであろう、ということになった。ところが、最近になってまたこの説も、決定的ではなく、疑問があるともされている。いずれにしても、犬山城天守が日本最古の天守ということはほぼ間違いない。

犬山城天守閣は、内部に居住性のある部屋をもつ、戦国動乱の実戦的な天守でありながら、木曽川にその姿を映す優雅さも、計算して造られたのではないかと思えるほどの楼閣風美観をも兼ね備えている。やはり、日本の近世大名の居城のきびしさと美しさを表わす代表的な天守閣ということができよう。

●三木城はそれほど堅固な城だったのか

犬山城はしょせん、戦術上の一拠点でしかなかった。しかも、中原のまっただ中にある。つまり、何度も落城することを運命づけられた城といえるだろう。しかし反面、三木城は二十四万石の戦国大名の居城だった。その地方の戦略的、政治的中心地である。その三木城とともに衛星的に存在する多くの城を落とすのは並大抵の努力ではなかった。さて秀吉はどうしたか。

信長という武将は短気で有名である。その信長が秀吉の三木城攻めをイライラしながら見ていたであろうことは容易に想像がつく。事実、再三督促があった。しかし、信長に叱《しか》られながらも秀吉はけっして決戦を急がなかった。

運はどこに転がっているかわからないものである。後述するが、この長期戦が、じつは秀吉を天下人《てんかびと》に押しあげる一つの要因になったのである。三木城攻めは秀吉にとって、きわめて危険な賭けであった。ここで不始末をすれば、ようやく築きあげた信長旗下第五位の武将としての地位は吹っとぶ。この時期、柴田勝家《かついえ》は福井にいて上杉に備えていた。同様に丹羽長秀《にわながひで》は大坂、滝川一益《たきがわかずます》は東海、そして明智光秀《あけちみつひで》は丹波と、それぞれに戦功を挙げていたのである。

三木城は、播州平野（姫路平野）の東の端、加古川の支流、美嚢《みのう》川の大きく彎《わん》曲《きょく》する東の丘陵部に本丸を置き、これにつづいて二の丸があった。本丸を東の丸とも呼んだが、この丘を東、西、北と三方に空堀がめぐり、その南西の丘に上宮砦《かみのみや》、東の丘に鷹《たか》の尾《お》の出城があった。

さすがに二十四万石の大名の居城だから、当時としては、東播磨で第一の要害と称されたが、地形的には要害堅固な城地というほどのものではない。しかし、山陽道に入る要衝ではあるし、その構築物、建造物は威容を誇っていた。

このように十分戦闘に耐える城であった。また別所氏の城を守る将兵も、精強で戦意も高かった。このことは、籠城しながらも強力な秀吉軍に対して再三打って出て激戦をしたことでも証明された。さらに、別所氏と盟約した諸城の城主たちの存在である。彼らの抱えている兵は多くはないが、秀吉軍の三木城攻めに対し、背後や側面をゲリラ的に襲うやっかいな存在であった。小兵とあなどれば、手痛い打撃を受けることは必然であった。

このような情勢の下では、急いで城を攻めることはできなかったのである。これが長期戦になった第一の理由である。

第二に、別所氏は三木城で籠城策を採るに当たって、少なくとも城兵が一年以上は籠城できる食糧を用意していた。またそれとは別にはじめのころには、城への間道から食糧の搬入もできたし、していたのである。秀吉が完全に三木城を包囲し得たのは天正七年の春ころからだから、その意味での三木城の「干殺《ほし》し」は、開戦から一年ほどは、ほとんど効果を挙げていない、ともいえよう。そのために、二年という長期攻城戦になったのである。

そして第三の理由として、前述したが、秀吉は単なる部将であり、三万の兵の総大将とはいっても、混成軍の大将で、秀吉のため命を捨てる直属の部下はまだそれほど多くなかったということが挙げられる。

十倍の兵で攻めるのだから落城させられることはまちがいない。しかし、その場合は味方にも多くの死傷者が出ることになる。自分以外のほかの諸将の協力は当然あるとしても、万が一にも城攻めに失敗したり、死傷者がはなはだしかった場合、信長から将としての器量を問われることは必至であり、それどころか、近くにいる毛利軍の反撃、攻撃を受けてしまう。そうなれば致命的である。功を焦って危険な賭けはできなかった。

結果的に言って、秀吉が三木城を速攻せず持久戦から包囲戦に持ち込み、味方の兵の損傷を少なくしたことは成功だった。

この戦略は、竹中半兵衛や、黒田孝高《よしたか》の献策ともいわれる。

●部下を大切にしたことが天下人になった理由

三木城を落とした秀吉は、播磨国を平定し、天正八年（一五八〇年）には姫路城を中国平定の本拠として再建し、その翌年、天正九年の六月には鳥取城を包囲した。

鳥取城の兵糧攻めは、三木城についで有名な戦いだが、これは『日本の城の謎〈築城編〉』（祥伝社黄金文庫）に詳しく書いた。秀吉は鳥取城を五カ月で落としているが、このころになると秀吉も、中国での戦いに兵員や武器にも余裕ができていた。計画的な包囲戦、兵糧攻めが行なえるようになり、落城させることができたのである。

主人の信長の部将たちが、北陸、伊勢、但馬《たじま》など各地で戦い、戦果を挙げ、その勢力も日増しに拡大し、強くなっているから、当然秀吉も戦いやすくなっている。

鳥取城を落とした秀吉は、翌年、天正十年四月に、備中《びっちゅう》高松城を囲んだ。戦闘をはじめたのは五月だが、この城も清水宗治《むねはる》という武将がいるので、簡単には落とせない。

ここでは、日本の戦記でもっとも有名な水攻めを行なった。

毛利軍は、秀吉の軍とほぼ同数の三万の大軍を救援に送ったが、これほどの大軍だと容易には合戦を開けない。

高松城の水攻めがほとんど成功したところで、六月二日、本能寺の変が起こった。

信長の死を隠し、高松城の守将清水宗治の切腹を条件に、毛利氏と和睦した秀吉は、中国路を急いでとって返す。

三万の軍を率いて姫路城を目指したのである。なんと一日に三二キロの行軍であった。

ついでながら、この一日三二キロという数字は、第二次世界大戦中の日本陸軍の強行軍を上回るスピードである。

二日間で六四キロ、中国路を走破した秀吉軍は、いったん姫路城へ入った。毛利軍が信長の死を知ったところで、もう追撃できる距離ではない。

姫路城に入った秀吉は、あらゆる情勢を分析した。全国にスパイを放っていた秀吉である、諸将の動きは手に取るようにわかっていた。こうして明智軍に決戦を挑むのである。

播州三木城を包囲した当時、秀吉の軍は三万であった。そしていま、姫路城にたどりついた兵も三万である。

三木城攻城に二年も費やしたことが、じつは秀吉を天下人に押しあげる最大の要因となったと先に書いた。その答えの一つがここにある。つまり秀吉は中国征伐で、できるかぎり兵を失わないようにしたのである。もちろん戦死者もあり、兵力の補給もされたのだが、その主力はあまり損傷していない。

天正五年から天正十年までの実質五年間、秀吉は中国で転戦した。この間、三木城、鳥取城、高松城をはじめ、小城、砦を含めて落とした数は、名の知れたものだけでも五十を下らない。

その戦術は、包囲、兵糧、水攻めと、城攻めの見本のようなさまざまなパターンを見せた。しかし、彼の念頭にあったのは、兵力を消耗してはならない、という信念であった。この当時、秀吉の人命の尊重は彼の戦術すべてに現われている。

それはやがて結実した。一介の部将が、中国路で兵を大切にしながら戦った五年間の歳月が、活《い》きてきたのである。

姫路城に入った三万の将兵にとって、秀吉はもうすでに一介の部将ではなかった。自分たち将兵が命をあずけるに足る、信頼できる有能な主君であった。

ここに秀吉の強さがある。運のいい男、ではなく、運を生かす男としての強さである。

姫路に入った翌日、秀吉軍は一路京を目指した。重装備のまま猛スピードで二日間走破し、山崎の天王山《てんのうざん》で明智軍と遭遇した。

結果は圧勝であった。

自分よりずっと上位にいる柴田、丹羽、滝川の各部将を尻目《しりめ》に、「天下」への最短距離を走ったのである。

3

なぜ、藤堂高虎《とうどうたかとら》は築城の天才といわれるのか

——幕府隠密も見破れなかった宇和島城《うわじま》「空角《あきかく》の経始《なわ》」の謎

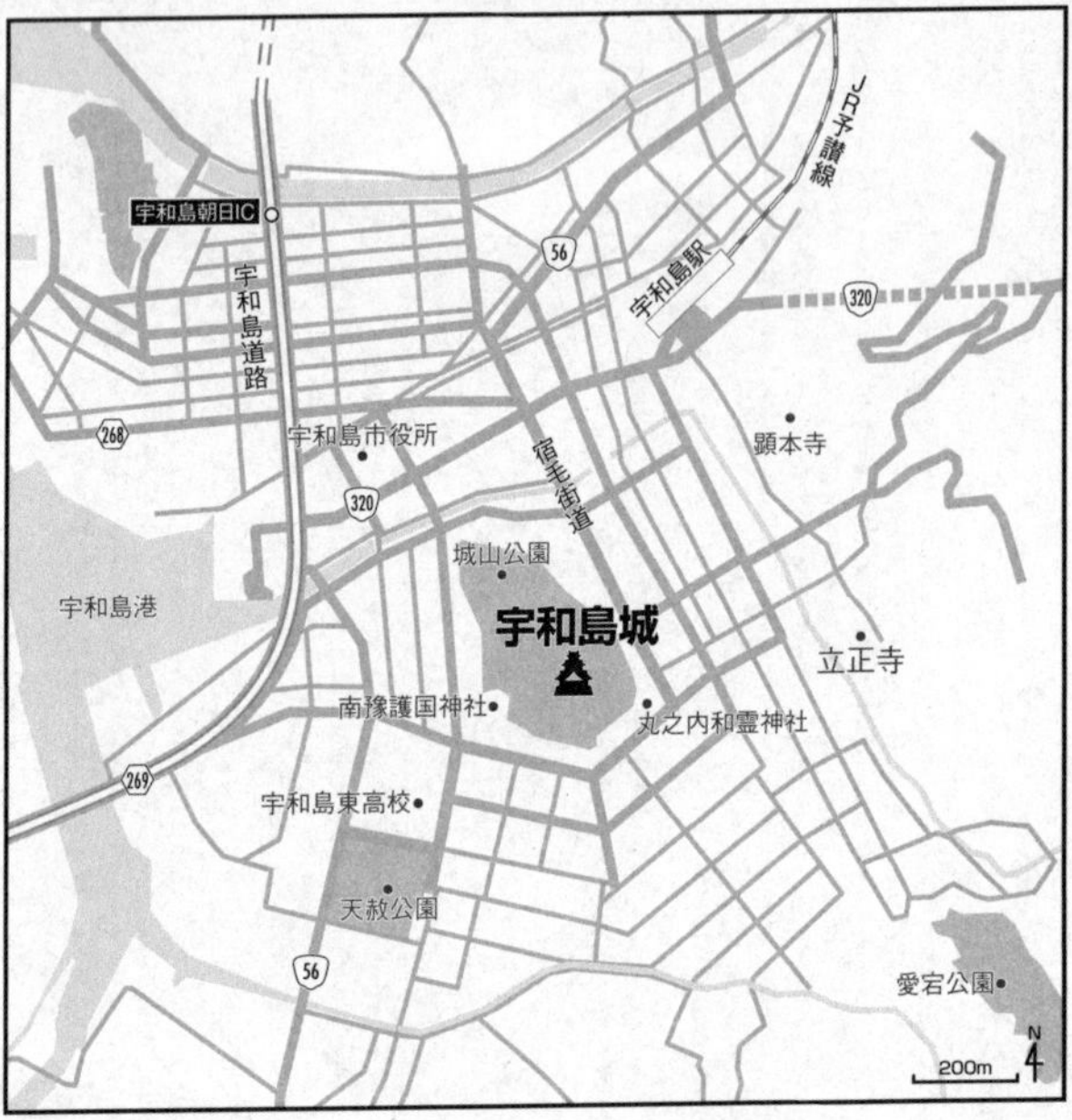

●この章に登場する主な史蹟

宇和島城
今治城
津城
伊賀上野城
二条城
高知城

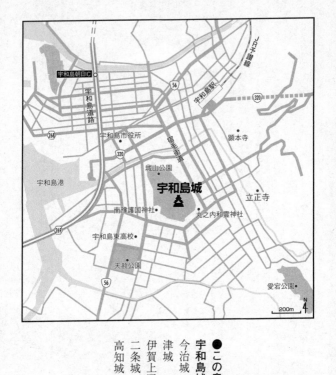

●謎を呼ぶ宇和島城の二枚の絵図面

いまここに二枚の宇和島城の絵図面がある。

93ページ上段の図は幕府隠密の手によって作成されたものであり、下段の図は、ほぼ同時期に宇和島藩（現在の愛媛《えひめ》県南部）が自身の手で作成した絵図面である。

この二枚の絵図面を比べてみて、読者のみなさんはどう思われたろう。一瞥《いちべつ》しただけでも城の平面形態に決定的な違いがあるのがわかる。

すなわち、隠密の図面は城の平面が四角に描かれているのに、一方の宇和島藩の図面は五角になっている違いである。

幕府隠密といえば、ご承知のとおり、「お庭番《にわばん》」、いわゆる伊賀《いが》、甲賀《こうが》などの忍者のことである。当時、幕府は彼ら忍者を使い、諸大名の領国に入って、状況を偵察、報告させた。

記録によれば、寛永《かんえい》三年（一六二六年）八月から十月にかけて、大目付《おおめつけ》の密命により、甲賀のお庭番が四国の各藩を探索している。すなわち、四国各地、各藩の大名の居城、城下町の状況、住民の風聞などを密かに探って、『讃岐《さぬき》伊予《いよ》土佐《とさ》阿波《あわ》探索書』（現在、その控えを、滋賀県甲賀郡水口《みなくち》のK氏が所蔵）なる報告書として大目付に提出したのである。

その報告書の一部を引用してみよう。

一、山上《さんじよう》本丸へは不被参《まいられず》、下より見申候《みもうしそうろう》に、北南六十間計《ばかり》に見及《みおよび》候。西東は何程共不知《いかほどともしれず》候。南方せばき（狭き）所、廿四五間（二十四、五間）程に見へ《（え）》申候。

南西北半分石垣もなく、山を切りたて申候。切たて高さ、西は段より八間計《ばかり》。東南は高さ六間計也《ばかりなり》。切立《きりたて》（崖）にも萱《かや》はへ《（え）》申候。北の方《かた》石垣五間計、此方《このかた》に口門《こうもん》矢倉有《やぐらあり》、此方皆《みな》多門《たもん》（多聞）なり。

天守四重也。

（中略）

一、山下四方に侍屋敷有、南の方四百七十三足《そく》、間《けん》にして百卅五間（百三十五間）、町《ちよう》にして弐《に》町二反《たん》三間。

西之《の》方五百五十三足、間にして百五十八間、町（にして）弐町六反二間。

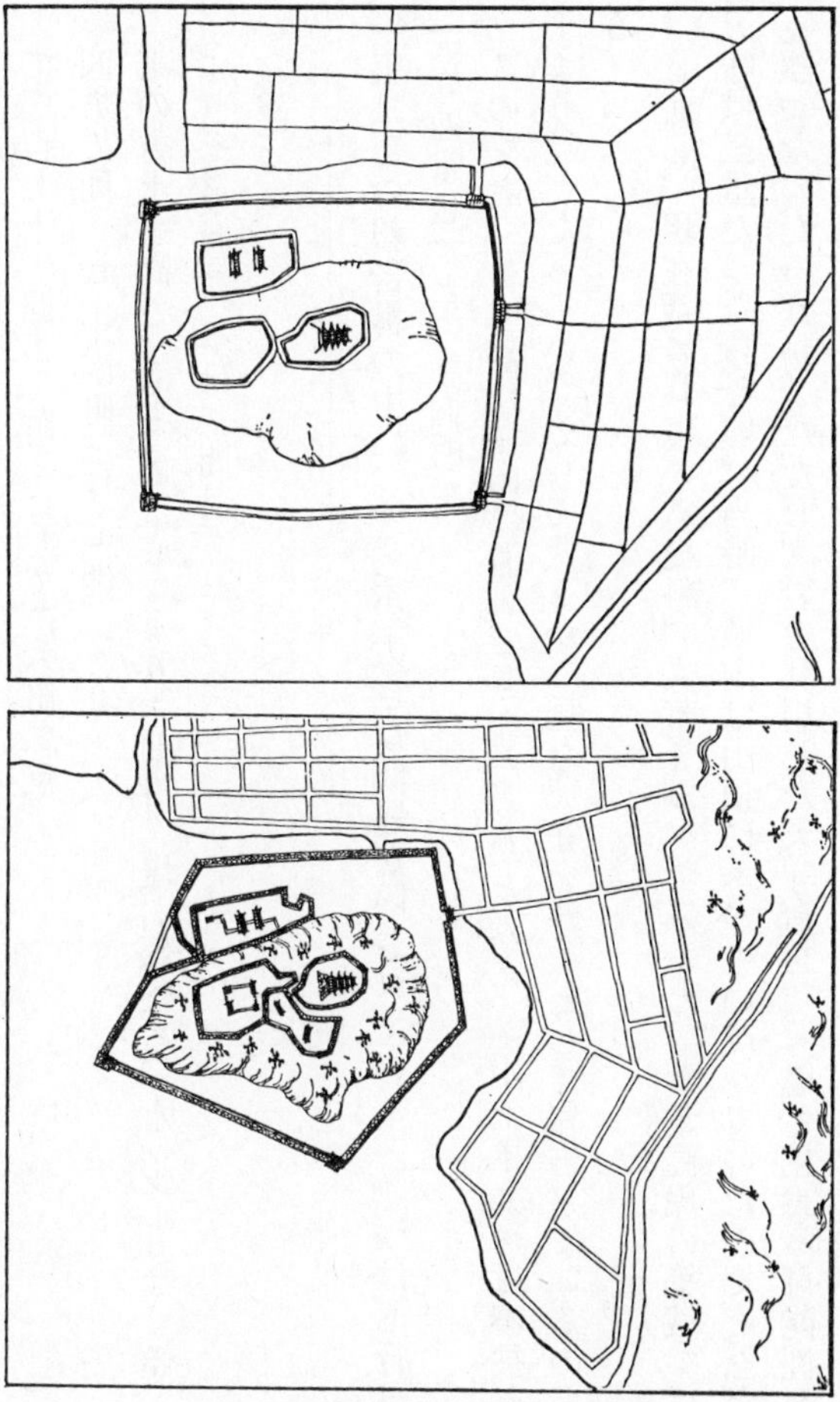

謎を呼ぶ宇和島城《うわじま》の２枚の絵図面

北七百足、間にして弐百間、町（にして）三町三反二間。東千三百足、間にして三百七十一間半、町（にして）六町二反。

四方の間、合《あわせて》十四町三反七間。

東の方土手高さ、堀そこ（底）より六間計。塩引《ひき》候へ者《ば》、水少《すくなく》もなく候、地よりそこ（底）へは三間計。

（後略）


実はこの報告書の中に、二つの大きな問題が隠されている。一つは七行目の「天守四重也」という個所だ。

この忍者、さすがに城山に潜入できなかったとみえ、「山上本丸へは不被参《まいられず》、下より見」たらしい。そして城下から見た天守を四重として報告しているのである。

しかし、現在残されている史料、文献を調べてみると、藤堂高虎《とうどうたかとら》の築城では、天守は三重だったらしい。当時、城山は山頂に木が生い茂っていたので、忍者が見誤ったのだろうか。ただし、岩を利用した天守台を、一層と見誤る可能性もある。これについては、現在、まだ確実な証拠がなく、さらに研究が待たれてい

現在の宇和島城は市街地の中にある

る。

そして二つ目が、本章の最大の問題点である。今度は92ページ三行目の個所に注意してほしい。

「四方の間、合《あわせて》十四町三反七間」（約一・五キロ）、この忍者は完全に五角の城の縄張りを四角と間違えている。前にも述べたように、この隠密は城山には潜入できなかった。彼は城の周辺を密かに歩いて、宇和島城の見取図を作ったのだろう。

この探索の専門家である隠密が、実際に城の周辺を調査して、宇和島城の縄張りを報告書にもあるように、東西南北の四角と錯覚してしまったのである。

隠密はなぜ五角の縄張りを四角と思い込んでしまったのだろうか。

●幕府隠密の目をもくらました〝空角《あきかく》の経始《なわ》〟とは

この幕府隠密が宇和島に潜入した寛永三年（一六二六年）、宇和島藩は伊達秀《だてひで》宗《むね》が当主であった。

秀宗は仙台の伊達政宗《まさむね》の長男だが、庶子《しょし》（側室、妾腹の子）のため本家を継がず、慶長《けいちょう》十九年（一六一四年）宇和島十万石を新しく徳川家康からもらって、翌年の元和《げんな》元年に宇和島に入った。

このとき宇和島城は藤堂高虎が築城を完成してから十四年過ぎているが、秀宗は屋敷などの建物を改築しただけで、城の縄張りには手をつけていないから、高虎の縄張りがそっくり残っていたのである。

航空写真など撮《と》れない当時、宇和島城の縄張りを探るのには実際にその周辺を歩いてみるよりほかに方法はない。城の辺に沿って歩いているうちに、隠密はその辺の角の微妙な変化に気づかず、四角と信じてしまったのである。

この五角を四角と錯誤させる縄張りこそ、高虎の〝空角の経始〟と呼ばれるものだったのである。

この〝空角の経始〟とは何か。そしてなぜ幕府隠密の目をも欺《あざむ》いた城造りをしたのか。その秘密を解く鍵は、藤堂高虎の人間像を明らかにすることにありそうだ。

●地侍《じざむらい》のせがれが大名になる――高虎の戦国処世術

高虎は弘治《こうじ》二年（一五五六年）、近江《おうみ》藤堂村（滋賀県犬山郡甲良《こうら》町）で生まれた。高虎の父藤堂虎高《とらたか》は、はじめ武田信虎《のぶとら》に仕え、のちに浅井長政《ながまさ》に属した。

高虎も十五歳になると長政に仕え、元亀《げんき》元年（一五七〇年）姉川《あねがわ》の合戦に初陣した（226ページ参照）。

この戦いは、浅井・朝倉の連合軍約二万と織田・徳川の連合軍約三万が、近江姉川の付近で戦った日本の合戦史上でも稀《まれ》にみる激戦であった。戦いの原因は尾張《おわり》の小大名から新興勢力となった織田信長と、これと対抗する反織田勢力の衝突である。

高虎はこの戦いで敵の首一つはとったが、主君の浅井長政は敗れ、居城小谷《おだに》城《じょう》に籠《こも》る。

天正《てんしょう》元年（一五七三年）和睦していた浅井と織田は再び戦い、信長は小谷城を包囲した。

小谷城は琵琶《びわ》湖の北岸の山系の峰の一つを本丸とし、それに連なる峰々に郭《くるわ》を置いた壮大な規模の山城だが、この城全体を完全に防備するのには多くの守備兵を必要とした。しかし、浅井氏はすでに落ち目で兵力は不足し、さらに配下の阿閉《あべ》、浅見などの部将が織田方に内通するという裏切りもあって、小谷城は落城した。

高虎はこのとき、阿閉氏に従って織田に降《くだ》った。

高虎は次に犬山郡沢山の土豪、磯野秀昌《いそのひでまさ》に仕えた。さらに織田信澄《のぶずみ》に仕えているとき、丹波《たんば》小山城を攻め、大いに軍功を挙げたが、織田信長が本能寺《ほんのうじ》の変で殺されたのを機に織田家を去り、羽柴秀長《はしばひでなが》に仕える。当時高虎は二十一歳、禄高は三百石であった。播州《ばんしゅう》三木《みき》城、備中《びっちゅう》冠山《かんむりやま》城、伊勢松ヶ島《まつがしま》城を、四国征伐では阿波木津《あわきつ》城、一宮《いちのみや》城を、九州征伐では日向目白《ひゅうがめじろ》城を、小田原征伐では韮山《にらやま》城を攻め、すべての城を落城させた。

天正十五年（一五八七年）、高虎は二万石の大名として、粉河《こかわ》（和歌山県）城主にまで出世した。

しかし、順風満帆《まんぱん》の高虎に、突然不運が訪れる。主君の、羽柴秀長の病死である。養子の秀俊《ひでとし》がこれを継ぐ。秀俊はのちに秀保《ひでやす》と名乗る。秀保は豊臣秀吉の姉の子で、関白秀次《ひでつぐ》の弟である。五年後、秀俊も大和十津川で水死。羽柴家は断絶してしまった。

だが、こんなことでくじける高虎ではなかった。彼一流の演出で、みごと凶を福に転じたのである。

高虎は秀俊の死後、たび重なる不運の世をはかなみ、剃髪《ていはつ》し、高野山《こうやさん》に登るのである。

高虎には計算があった。今まで何人もの主に仕え、自分を高く売りこんできた。その知略に優れたことは、各方面に鳴り響いている。かならずや誰かが迎えにくるはずだ……。

あんのじょう、秀吉が高虎の翻意をうながすよう、使者を差し向けた。秀俊の死後、二カ月足らずであった。そして秀吉により、伊予《いよ》板島《いたじま》（愛媛県宇和島）、七万石の大名に列せられることになる。近江の地侍の子がついに七万石の大名に成り上がったのである。文禄《ぶんろく》四年（一五九五年）高虎三十九歳のときであった。

どうだろう。戦国の世とはいえ、これほどまで主をつぎつぎと変えた武将も類がない。高虎はつねにその当時、いちばん権勢をふるった武将に取り入るのである。そして、そのたびごとに禄高も増し、出世していった。

宇和島城天守閣

●地形をみごとに利用した名城・宇和島城

愛媛県の南部、宇和島は現在、人口約七万、四国地方の一都市にすぎないが、明治維新当時は伊達氏十万石の城下町であり、宇和島城は名城の誉《ほま》れも高かった。

宇和島の地形は、東、北、南の三方を山に囲まれ、西は海に開いた小平野であり、その中央の海寄りに城山がある。

今から千年ほど前のことである。

この城山は、天慶《てんぎよう》の乱（九三九年）で伊予国を本拠として朝廷と戦った藤原《ふじわらの》純友《すみとも》の支城があったところで、純友が本城（日振島《ひぶりじま》）の支城としてここに城を築いた当時、城山は板島《いたじま》と呼ばれ、海岸に近く海中に孤立する一つの島であった。

板島がいつのころから陸続きになったのかは明らかではない。戦国時代のはじめごろには、板島は三方は海だが、そのときすでに東の側はわずかに陸につながっていた。

このような地形の小山をこの地方の豪族が見逃すはずはない。板島の南に亀《かめ》ヶ淵《ふち》城という城をもっていた豪族が、板島に居城を移したのは応仁《おうにん》の大乱（一四六七年以後十一年間）のころとも伝えられている。

天文《てんぶん》十五年（一五四六年）ごろ、家藤監物《いえふじけんもつ》という武将が在城し、城は板島丸串《まるぐし》城と呼ばれていた。この当時は山上を見張りと退避のための砦とし、東側の山麓《さんろく》に屋形《やかた》をもつ中世的な構造の城であった。

天正三年（一五七五年）には西園寺宣久《さいおんじのぶひさ》が板島城主だったが、のちに土佐《とさ》の長《ちょう》宗我部《そかべ》氏に攻められ城を奪われる。

天正十三年の羽柴秀吉の四国征伐ののちは小早川隆景《こばやかわたかかげ》が伊予の領主となり、隆景は本城を東伊予の松前《まさき》に構え、板島には城代を置いた。

そして文禄四年（一五九五年）、秀吉は藤堂高虎を七万石で板島の領主とした。当時、文禄の役で朝鮮出兵中のことでもあり、水軍整備の必要に迫られ、秀吉は高虎に板島を中心とする水軍のまとめをさせる考えであったという。

板島城主になった高虎は、この中世的な居城をどのように造り直すかを熟慮した。

板島の近くには鎌倉、南北朝、室町、戦国初期を通じての城跡は多い。板島から馬を駆って半日以内の距離のところにいくつかの城があった。

亀ヶ渕城（古城山）、剣《つるぎ》ガ城、麻小笥《おこげ》城をはじめ、主な城だけでも二十を超えた。

これらの城跡の中に高虎の眼鏡《めがね》にかなう城地はなく、また付近で新しく城地に選ぶような地勢のところもなかった。

板島に勝《まさ》る城地の候補地はほかにはなかったのである。

板島を城地と定め、ここに七万石の大名としての居城を築くことを決めた。高虎は、まず板島のある小平野の周囲の高い山に登り、盆地状の地形、板島の山容、海岸線、南北に通じる街道などを十分に見定めた。

次に小舟を出して板島や付近の海岸を観察した。

さらに板島に登り、山中の地形、水利、原生林の状況を細かく見なおした。

そのうえで、一つの築城構想をまとめたのである。

板島城の築城工事は慶長元年（一五九六年）からはじめられた。

この年、豊臣秀吉は一時おさまっていた朝鮮への出兵を再び決意し、その旨《むね》を諸将に命じている。

高虎も板島築城の工事に専念することはできず、縄張りの指図を作り、普請《ふしん》奉行に一族の藤堂新七郎を命じた。

高虎が板島を留守にしても工事は進み、慶長六年（一六〇一年）には完成し、板島は宇和島と改称された。

起工から完成まで六年の歳月を要しているが、この間には豊臣秀吉の死、朝鮮からの撤兵、そして天下分け目の戦い関ヶ原合戦などがあったのである。

高虎は宇和島城の支城として大洲《おおず》城も築城したが、ともあれ、宇和島城は高虎築城の秘法を秘めてみごとに完成したのである。

●日本城郭史上の傑作〝空角の経始〟

高虎が、城造りの知恵と経験のすべてを注ぎこみ完成した宇和島城とは、いったいどんな城だったのだろうか。そして宇和島城最大の謎、〝空角の経始〟とは何か。何のために造り出されたのだろうか。その秘密を解明していこう。

藤堂高虎が宇和島城を築きはじめた慶長初期は、まだ豊臣秀吉が生きていて、朝鮮戦役中であり、高虎の城造りも、領国統治の城でありながら、戦さのための備えを、まだ十分に必要とする時代であった。

このような情勢の中での高虎の城造りは、板島九〇メートルの山頂を削《けず》り平らにして、ここに本丸曲輪《くるわ》を造成し、三層の天守を置く。山腹の北と東の部分を削り平らにして、二つの曲輪と小さいいくつかの曲輪を設け、その山麓に一つの曲輪を置く。

板島の山麓周辺の海岸をわずかに埋め立てて、城山をとり囲むような腰曲輪を造成し、敵水軍の海からの攻撃に対して備え、ここに屋敷、侍屋敷を置く。

板島の東の陸続きは掘り切って濠《ほり》とし、通行には橋を架ける。

板島と周辺の山との間の平地は整地し、寺社、侍屋敷を置き、町屋を造り、城下町経営のための余地とする。

などであった。

そして、この城造りの根幹にあったのは、五角形の縄張り、〝空角の経始〟を造ることにあった。

高虎はたくみに城山を利用した。城を攻める側は当然方形の縄張りを予想して攻めてくる。しかし実際は五角だから、一辺が空角になる。つまり、城を攻める側にとって、完全に死角になってしまい、攻撃は手薄になる。いわば、この一辺の空角は、敵の攻撃を避けられるとともに、敵を攻撃する出撃口ともなり得る。

そればかりではない。この密かな空角は、物資搬入口ともなり、またさらに、城から落ちのびる場合の抜け道ともなる。これは守城の作戦上、効果は絶大なものといえるだろう。

当時の築城術でこのようなからくりを用いた城はほかになかったので、前述のように、この〝空角の経始〟はついに幕府隠密も見破れず、ひっかかったのである。

さらに、宇和島城には本丸天守から、原生林の中を抜ける間道が数本あり、西海岸の舟小屋、北西海岸の隠し水軍の基地などに通じていた。

隠し水軍とは、城山山麓に造られた船溜《ふなだま》りで、これは海上からもまた地上からも隠蔽《いんぺい》されていた。

そのために間道はもちろん、隠し水軍も幕府隠密には見破れなかったのである。

世間巧者であり、しかも知略の優れた高虎が、そのすべてを注ぎこんで築城した宇和島城——〝空角の経始〟、間道、隠し水軍、これらの高虎の優れた築城の秘法が、みごとに宇和島城に生かされたのであった。

●関ヶ原合戦最大の功労者・藤堂高虎

高虎が宇和島城築城にかかっていたころ、豊臣秀吉は、彼の生涯の中での最大の愚行というべき、朝鮮出兵を敢行した。高虎も秀吉の命を受け、文禄、慶長の役に参加、安骨浦《あんこつぽ》、熊川《ゆうせん》で戦い、金原《きんげん》城を攻略した。

そのとき、高虎は感じていた。豊臣の世もこれで終わると……。そしてその次は……。高虎の冷徹な観察では、次の天下は徳川であることを敏感に感じとったに違いない。彼はこのころからしきりに徳川家康に接近するのである。

高虎は家康に臣従を誓った。朝鮮出兵で人心が離れはじめたとはいえ、まだ豊臣秀吉が天下人の時代である。高虎も家康もまだ同格なのだ。その高虎から臣従を誓われたら、家康も嬉《うれ》しくないはずがない。これ以来、家康は、高虎を破格ともいえるぐらい厚遇するようになる。

はたして秀吉が死ぬと、天下は二分した。しかし、もう時代は豊臣を必要とはしなかった。慶長五年（一六〇〇年）、天下の兵馬は激流のように関ヶ原合戦へとなだれこむ。

この天下分け目の関ヶ原。会戦は当初五分と五分、互いに相譲らぬ情勢だった。しかし、決着は意外に早くついた。小早川秀秋《ひであき》らの裏切りである。これにより形勢は一挙に逆転、徳川家康の勝利に終わった。

このとき高虎は何をしたか。とり立てて挙げるべき武勲はない。しかし、この合戦で最も重要な役割を演じた。小早川軍らの裏切り工作である。知略に富む高虎は、高度なスパイ情報網を組織し、みごとに小早川らに手を回し、内応を約束させたのである。

これは関ヶ原の合戦の最大の功労だった。これにより家康の信任はますます厚く、慶長六年（一六〇一年）、伊予（愛媛県）二十万石、今治《いまばり》城主となるのである。

●藤堂高虎のライバル山内一豊《やまうちかずとよ》の登場

このころ高虎に比べられるような目ざましい武将に山内一豊がある。〝山内一豊の妻〟というように、妻ちよの名が有名だが、一豊も高虎と同じような出世ぶりだった。天正十五年（一五八七年）、近江（滋賀県）長浜《ながはま》五千石。翌十六年、若《わか》狭《さ》（福井県）小浜《おばま》一万九千石。天正十八年（一五九〇年）、遠江《とおとうみ》（静岡県）掛川《かけがわ》五万石。そして関ヶ原合戦の功により、長宗我部氏のあとを受けて土佐（高知県）二十二万石までに出世する。

高虎は伊予今治二十万石（のち二十二万石）、一豊は土佐二十二万石。同じころ居城を築き、後世に残るような名城を築き上げている。

高虎は東伊予の国守として、初めに桜井郡の国分《こくぶ》城に入った。

この城は前の領主福島正則《ふくしままさのり》の居城だったが、高虎はその城地が峻険《しゅんけん》な山城だったので気に入らず、新しい城地を探した。

当時、高虎は宇和島時代に秀吉の命で水軍を統率したことや、領地が瀬戸内に面していることも手伝って、水軍を重視し、付近の海岸を見て回り、今張《いまばり》という海浜を領地に選んだ。

慶長七年（一六〇二年）から着工した築城の工事は、慶長九年に完成した。

高虎は宇和島城とはまったく異なった、しかも、宇和島城の経験を生かしたユニークな城造りを行なったのである。

宇和島の場合、城地の中心に板島という標高九〇メートルの城山があったが、今張の浜はまったくの平坦な土地であり、過去に城など造られたこともない更地《さらち》

今治《いまばり》城本丸の南隅櫓《みなみすみやぐら》（慶応３年撮影の古写真）、下は現在

である。

高虎はすでに感じていた、戦いを主眼とした城造りはもう必要ないことを。それよりも領国経営を第一義に考えて城造りをしなければならないことを。とはいえ、合戦を完全に想定しないわけではなかった。今治のような平城でも完全に防御できる備えを計算したのだ。

●方形の郭をもつ城の傑作、今治城

当時の今治城の様子を現在に伝えている『正保《しょうほ》城絵図』がある。この絵図は、徳川幕府三代将軍家光《いえみつ》が、全国の諸大名に提出させたものである。この図面は、高虎築城の今治城の主要な部分をよく伝えている。

高虎は今張の浜に城地を選ぶと、その中央に東西三十間（約六〇メートル）、南北四十五間半（約九〇メートル）の方形の本丸を置き、本丸の東北に隣接して東西三十八間（約七五メートル）、南北四十一間（約八二メートル）の二の丸を造り、さらに本丸の西北に隣接して東西四十九間（約九七メートル）、南北三十間の三の丸を構え、三の丸の西南に庭園のある山里《やまざと》丸を設けた。

これらの郭を内郭《うちぐるわ》としてその周囲を内濠《うちぼり》で囲み、その外側を、これもほぼ正方形に近い中郭で囲み、この中郭は侍屋敷とした。さらにその中郭を囲んで中濠が巡《めぐ》らされ、その外側にもう一つ外郭があり、ここにも侍屋敷を設け、その外郭を囲んで外濠を巡らす、というほぼ正方形の内郭、中郭、外郭三重の郭と濠をもち、直線の辺によって防備された城郭であった。

鎌倉時代のころから城の郭（曲輪）は、〝円形の徳〟といって円《まる》く縄張りすることがいいとされていた。これは武士の砦《とりで》が平城や都城などの方形の構造と違って実戦本位であり、円形だと敵の攻撃に対して反撃を加えるのに死角がなく、城兵の守備も効率よく使え、その移動も円滑に行なわれる、という築城の考え方からきていた。

しかし、高虎は今治城の築城に当たって、円形の徳とは反対に、方郭の縄張りを用いた。

今治城のような平城では、城の敵に対する面を一線にしておき、郭の前線に銃隊を数重にも配置して一斉に射撃し、この銃撃を反覆して敵を撃滅する、という利点を考えたうえで、高虎は方形の郭にしたのである。

この作戦は、アメリカでも西部開拓当時のフォート（とりで）や騎兵隊の隊形や守陣の作戦にも見られる。
高虎が守城にこれまでの城攻めなどの経験からか、銃を重視していたことがわかる。

●完璧な治水を誇る名城、高知城の秘密

一方、山内一豊はどうだったろう。一豊は平城《ひらじろ》ではなく、平山城を造った。長宗我部氏に替わって土佐の領主となった一豊は、はじめ長宗我部氏の居城であった浦戸《うらど》城に入ったが、城が海岸に寄りすぎていること、城地が狭く城下町経営に適当でないことなどの理由から、大高坂山《おおたかさかやま》に目をつけ、ここに城を築くことにした。

大高坂山――。この地はかつて、長宗我部元親《もとちか》が居城を築いたが、洪水のため浦戸城に移った場所だった。

土佐の豪族だった長宗我部氏は、土佐岡豊《おこう》城を本拠としていた。元親の代にその勢力を伸ばし、戦国の潮流に乗って、天正三年（一五七五年）には土佐一国を平定した。さらに土佐から阿波《あわ》（徳島県）、讃岐《さぬき》（香川県）、伊予を平定、天正十

多くの維新の英傑を生んだ高知城

三年の春ごろには四国全土を領土とした。

天下統一を目指す羽柴秀吉の四国征伐により、長宗我部氏の阿波、讃岐、伊予の三国は没収され、土佐一国の領有だけは許された。

元親は、秀吉の九州征伐に参加したのち、土佐に帰り、新しい居城の築城に入った。今までの岡豊城は、中世的な、軍事面を重要視した城だったが、これからは、領国経営に適する城の必要性を感じていたのだ。そして元親は、土佐国のほぼ中央、土佐平野のなかほどにある、標高四二メートルの小丘に目をつけた。大高坂山である。

元親はここに決めると、すぐ工事を始めた。しかし、元親は重要なポイントを見逃してしまっていた。

土佐平野の中央にある大高坂山の小丘は、その周辺に川が多い。鏡川《かがみ》、江《え》ノ口《くち》川などである。いったん大雨が降れば、これらの川は氾濫《はんらん》し、この平野一帯が洪水に見舞われやすい地形だった。

折しも、工事半《なか》ばにして大雨が降り、大洪水となって土木工事はそのすべてを流されてしまったのである。

元親はなおもこの築城工事を続行し、築城はしたが水利が悪いため、新しく城地を大高坂山の南の海岸、浦戸を選び、ここに居城を構築すると岡豊城から浦戸城に移った。

元親は城造りを安易に考えすぎていた。大高坂山という丘の魅力に心を奪われ、そのまわりの地勢をまったく見逃してしまったのである。

そこへ行くと一豊は、けっして長宗我部氏の二の舞は踏まなかった。

関ヶ原合戦で大坂方につき、所領を没収された長宗我部氏に替わって土佐に入った一豊は、大高坂山を城地に選ぶと、当時、築城の名人として名声のあった百々《どど》安行《やすゆき》と、その子直茂《なおしげ》をわざわざ尾張から招き、大高坂山城築城に当たらせた。

百々安行は、土佐平野の数十年の天候と洪水の事実を、記録や伝承で調べた。また鏡川や江ノ口川の源流を探り、大高坂山の基盤やその周辺の地勢を研究した。その慎重な調査の結果、梅雨や台風の季節を避け、慶長六年（一六〇一年）九月（旧暦）から築城の工事を始めた。このとき同時に鏡川、江ノ口川などの治水、水路の変更工事を進めていたのである。

工事は日夜をつぎ、着工から二年目の慶長八年八月には早くも本丸、二の丸が完成し、一豊は浦戸城から移った。このとき大高坂山城を改め高知城とした。これが天下に名城ぶりを轟《とどろ》かした高知城である。

このころ、藤堂高虎は今治城築城の最中である。ときに高虎の石高は、伊予半国二十二万石、山内一豊は土佐一国二十二万石だった。戦国の歴戦の武将二人が四国の北と南で、同時に城造りをしていたのである。

もし藤堂高虎が土佐一国の領主になっていたら、はたしてどのような城造りをしたであろうか。

おそらく高虎もはじめ浦戸城には入るが気に入らず、大高坂山を城地に選んだであろう。その場合、高虎はまた百々安行とは異なった築城法、経始（設計）をとり、そしてみごとに名城を造り出したに違いない。

●〝水を制する者、城を制す〟

一豊の高知城築城の噂が高虎の耳に入らないはずがない。そしてその築城法、経始の様子を聞くにつけ、一豊の慎重さに感心したに違いない。

しかし高虎は、自分の城造りには絶対の自信をもっていた。高虎は過去、当時もっとも流行していた円形の縄張りを捨て、五角形の〝空角の経始〟をもつ城を造った実績がある。しかし現代でも、マイホームは三回目に建ててやっと理想的な家づくりができるといわれるように不満がでてくる。宇和島城にも不満があった。そこで高虎は今治移封を機に、その地形に合わせた独特の縄張りを考え出した。それが〝方郭《かくのくるわ》の経始〟である。つまり、今治城の縄張りを、直線的に、方形に設計したのである。しかし高虎の秘法はこれだけではない。高虎は、方形の郭には死角ができることを見抜き、〝ひずみ〟を考案した。

ひずみとは石垣の一部を張り出し、あるいは曲折をつけ、側防効果をねらったものである。これによって城からの弾幕を通過した敵兵がいたとしても、石垣まででたどり着くと今度は上側からと左右からの銃撃、あるいは弓矢または石弾の攻撃を受けることになる。

江戸時代の軍学者は石塁にひずみを設ける効果を「邪」「斜」「横矢」などと称して、城の石垣造りの秘法とし、築城術の高度の技術として採り上げている。この高虎の工夫は、今治城以後の築城の模範になったことはいうまでもない。

高虎の築城秘法の一つ〝方郭の経始〟は、平凡な地形の、普通なら凡庸《ぼんよう》な城になるはずの今治城を、天下の名城に仕上げたのである。

さらに高虎は、水軍の充実、整備も怠らなかった。領国が瀬戸内に面していたこと、宇和島城時代の経験も手伝ったのだろう。

今治城の西の外濠は海につづいていて、外濠からは中濠の北西部に入る航路があり、御舟手《おふなて》という水軍の基港が造られ、その広さは東西、南北にそれぞれ五十間（約一〇〇メートル）ほどあり、当時城内の本丸に近くこれほどの整然とした規模の基港をもつ城は珍しかった。

今治城の本丸、二の丸、三の丸、山里のある内郭はもともと平坦な土地を土盛りして高くしたもので、その高さは濠の水面から二〇メートルほどもあり、内郭の外側はすべて石塁で覆われている。本丸には五層の天守が建てられた。

外濠、中濠、内濠はすべて瀬戸内海の海水が引かれていた。

高虎は工事が完成すると今張を今治と改めたが、今治城の整然とした石塁、五層の天守のながめは、海から陸からみごとなながめで、人々は瀬戸内第一の名城と讃《たた》えたという。

一豊にせよ、高虎にせよ、まさに〝水を制する者、城を制す〟といえるかもしれない。

●西洋の築城術をも先取りした高虎の知力

江戸時代の終わりごろ、奇妙な風聞が立った。今治城が、ゼーランディア城に似ているというのである。

ゼーランディア城というのは、十七世紀初めに、オランダ人が台湾を占領して、台南の海岸に築いたオランダ風の城である。プロビデンシア城と並んでオランダ人の台湾支配の根拠地だった。

たしかに今治城とゼーランディア城は似ている。

両者とも海岸に造られ、海と海水を最大限に活用し、重要な防御としている。また、石塁形体がひじょうに似ているし、城の平面の形も似ている。そのうえこの二つの城には水軍（海軍）の基地があるのである。

しかし、ゼーランディア城が造られたのは一六二四年で、今治城は一六〇四年に完成している。したがって築城は今治城のほうが古い。高虎は、自分の知力だけで、西欧の城に共通するような秘法をすでに身につけていた、といえよう。今治城とゼーランディア城の相似の事実は、高虎が城造りに対して、非凡な発想と技術の持ち主であったことの証明である。

●津《つ》城、伊賀上野《いがうえの》城にみる高虎の築城術

慶長十三年（一六〇八年）、高虎は伊勢《いせ》（三重県）の津に転封《てんぽう》になった。津城は高虎にとって最終的な居城となり、石高も二度の加増によって三十二万石になる。ここで高虎は、また宇和島城とも今治城とも異なった、金城湯池《きんじようとうち》ともいうべき、大藩の領主にふさわしい城造りをしている。

津は近畿と東海を結ぶ要衝であり、慶長十三年当時、まだ大坂に豊臣氏がいたので、家康は大坂に対する備えの意味もあって高虎を津に移封したのである。高虎が津に入る前の城主は富田信高《とみたのぶたか》だが、知行《ちぎよう》は七万石で、城はそれほど大きいものではなかった。

高虎はここでも画期的な城を造った。津は伊勢湾に接し、北は安濃《あの》川、南に岩田川が流れる間の平地である。この中間に本丸を置き、広い内濠で囲み、その外側に中郭を設け侍屋敷とした。その外側には石垣を巡らせ中濠で囲み、さらにその外側に外郭があって、侍屋敷と町屋

今治城と似ているゼーランディア城（上）と藤堂高虎《とうどうたかとら》

という三重の防備構造だった。

本丸は東西四十八間（約九五メートル）、南北六十間（約一二〇メートル）という広さだから、今治城本丸に比べると四倍近くの大きさである。

津城の特色は三重の防備と内郭、中郭の石塁線に設けられた〝ひずみ〟で、とくに中郭外側の部分は四十面という複雑な曲折をもっていた。

現在では津城はわずかに本丸の一部しか残っていない。いまでは高虎の名城の全容は絵図によってしのぶしかない。

高虎は伊勢に入封してから、津城のほかにもう一つ城を築いている。これがまた名城の誉れの高い伊賀上野城である。

この城も大坂の豊臣氏に備えたもので、慶長十六年（一六一一年）正月から工事にかかり、翌十七年の十二月に完成した。工期を急ぎ二年と短いのは、大坂の豊臣氏の不穏な動向のためである。

大坂の豊臣氏が、万一、軍を東に進めることがあれば、大坂から京、近江方面の進路と伊賀方面の進路の二つがあり、上野城はその伊賀路に立ちはだかる重要な城である。

高虎は上野城で、はじめて高石垣の秘法を用いているが、これは加藤清正《きよまさ》の熊

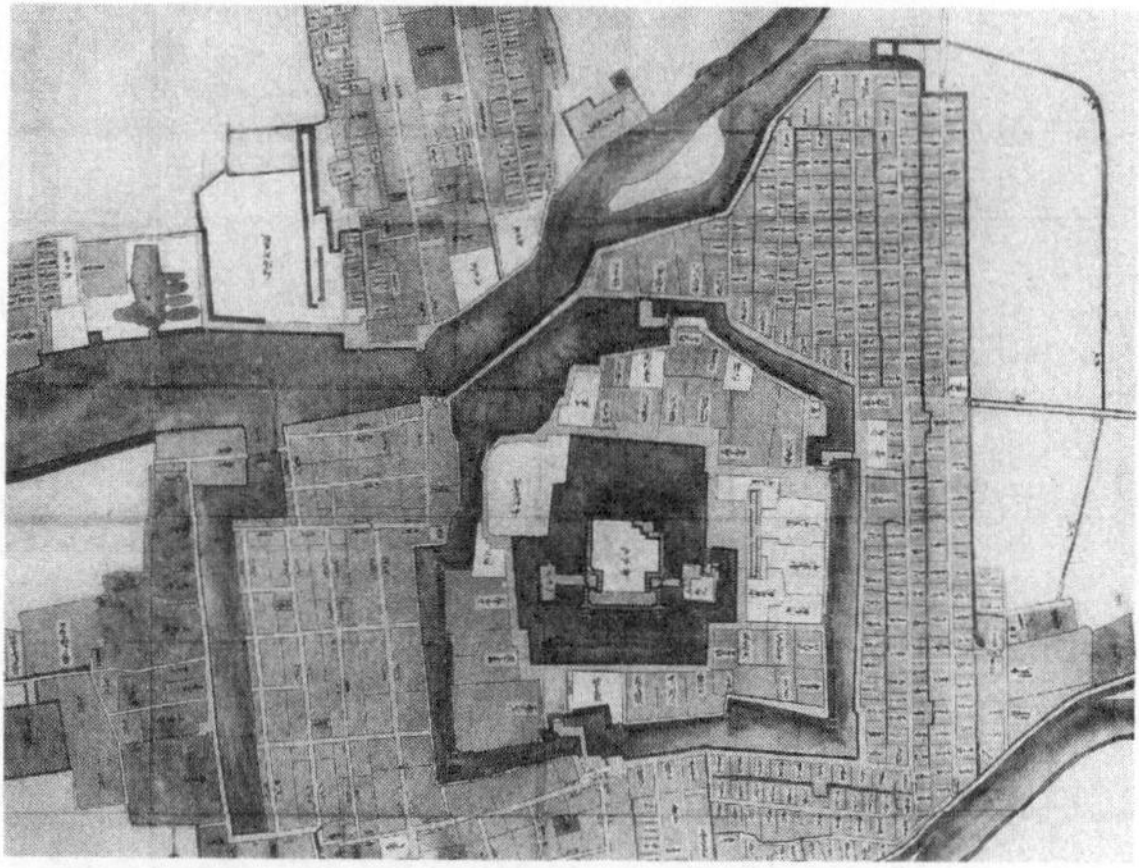

川をうまく利用した津《つ》城の設計

高さ約 30 mの見事な石垣をもつ伊賀上野《いがうえの》城

本城にも共通する秘術として第1章ですでに紹介したとおりだ。

上野城は、現実にはその威力を発揮できなかった。というのは、徳川氏と豊臣氏の戦いは、大坂城の包囲戦になったからである。しかし、もし、上野城をめぐる攻城戦があればその威力を発揮したであろうことは想像に難《かた》くない。

高虎が造った異質の城がいま一つある。

それは慶長七年（一六〇二年）、徳川家康のために京都に造った二条《にじょう》城である。

高虎は関ヶ原合戦ののち、家康に京都での宿舎の城を造ることを進言した。これは織田信長が天下を統一する前に、不用意にも京都で防備の手薄な本能寺に泊まり、明智光秀に強襲されて討《う》たれたという教訓からであったが、家康もそれを当然として、二条城の経始は高虎に任せた。

高虎は、二条城では簡明な平城風の縄張りを用いた。万一、この城が攻められても、この城で数日間防戦する必要はなく、当座の間警固の旗本が戦えば、そのうちに数万の援軍が二条城に駆けつけることができるという計算からである。

とはいうものの、二条城本丸には、要心深く五層の天守も建てられたのである。

二条城にはある程度の防備性と、快適な居住性があったが、この城は現在も残っているので、訪ねれば高虎の城造りの一つの典型が理解されるだろう。

●城造りの天才、藤堂高虎の秘密

さて、藤堂高虎の築城の秘術の数々を披露したが、最後に、なぜ高虎がこのような名築城家になり得たか、ということについて考えてみたい。

戦国の武将の中でも、家柄のいい者は幼時から兵学、軍学を学んだ。その教科書は、中国の兵書で『孫子』『呉子』『六韜《りくとう》』『三略《さんりやく》』などであり、これによって基本的な城造り、城攻めは知ったのだが、この知識は実戦に当たって必ずしも役立つとはかぎらなかった。

日本で、城造り、城攻めなど軍学の理論が作られたのは、江戸時代になってからのことであり、戦国時代の武将の城造り、城攻めは、実戦の中で経験し、体験として学んだものである。

高虎がまさにその典型的な例といえる。

なにが高虎を築城の名手に仕上げたか、という問いに対する答えは、彼自身の経験と思考の中に求めるべきである。

第一に、十七歳で味わった小谷城落城の苦い体験にその要因がある。負け犬になってはならない。二度と落城するような側に立って戦さをしてはならない。城は攻めるものであって籠城する立場になってはならない。城を造る以上、攻められてすぐ落城するような城を造ってはならないし、万が一籠城する場合でも、負け戦さの籠城であってはならない。

そのためには、主人や同盟者は必ずその都度《つど》、勢いのある覇者を選ばなければならない。

高虎が時勢に応じて主人に仕えたのは、当時の風潮にせよ、高虎のこの考えが強く働いたからであろう。秀吉が死ねば、彼はただちに次の覇者、家康に接近した。

高虎の小谷落城の体験は、高虎を冷徹な処世術の信奉者とし、その冷徹な思考は、彼の築城術の中にも完全に生かされたのである。

第二に、高虎は、時流に対する鋭敏な洞察力をもっていたことである。それを城造りに当てはめていった。

高虎は五つの持城の選地《せんち》、経始、普請《ふしん》、作事《さくじ》を時流にみごとに適合させていた。

城には城堅固《けんご》、所堅固《ところ》、国堅固の三つの思考がある。

城堅固は、要害の地形を選び堅城を造ることである。

所堅固は、城を造ることによって領国の統治を図ることである。

国堅固は、国を治めるに足る城を造ることである。

高虎は宇和島では戦国時代の名残ともいうべき、戦術的に優れた城を、今治では対豊臣一族への備えから戦略的に効用ある城を、津では徳川幕府の体制を堅固にするための政治的な金城湯池を造った。

時流への計算が、巧みに城造りに生かされていたのである。

第三に、高虎は、城に対する本質的な理解をもっていたことである。すなわちどのような名城でも、より大きい力の前では必ず落城する、ということを強く認識していたのである。

高虎は天然の地勢の中から堅城を、あるいは金城鉄壁の城を抽出した。しかし、その城を絶対のものとして盲信はしていない。

どのような名城も、運用する城主の器量によっては凡城となることも知っていた。

これらの城に対する深い理解が、高虎に数々の名城を造り出させたのであった。

幸か不幸か高虎の造った居城は、すべてそののち一度も戦火に遭遇することはなかったのである。

もしも、これらの城で高虎が城主として敵と戦ったなら、これらの城はその名城ぶりを遺憾なく発揮したことであろう。

一介の地侍から三十二万石の太守となり、余生をまっとうし、江戸幕府の築城の相談役としても、天下普請の城造りに数多く参画した高虎の、城造りの名手たりえた謎は、すべてこの三つの答えの中に物語られている。

4

なぜ、毛利《もうり》氏は海岸線に城を移したのか

――無敵の水軍基地、三原《みはら》城・広島城の謎

●この章に登場する主な史蹟
吉田郡山城
三原城
松江城
膳所城
広島城

●かつて、瀬戸内海を制した者は日本を制した

地中海がヨーロッパ文明の母といわれるように、瀬戸内海は日本文明の母である。その沿岸地帯に高度な文化が発達した点においても、あるいは人と物資を運搬する重要な水路という点においても。

ただ、瀬戸内海を中心に日本史を見た場合、その重要性は、海として考えるより交通の要衝として考えたほうが理解しやすい。つまり、瀬戸内海は、日本の中心部と地方を結ぶ、大幹線であった。東は近畿に深く食いこむ大阪湾であり、北は中国地方、南は四国、そして西は九州の表玄関に接している。

この地域を治めることができたら、近畿、中国、四国、九州にまたがる広大な地域を把握したということになる。

古くは、この瀬戸内海で源平の大海戦が行なわれ、両軍の数千の軍船が争った。

そして戦国時代、他の武将がひたすら陸上での軍備を増強し勢力を競っているころ、瀬戸内海の重要性をいち早く認識し、海軍力の拡大に注目した武将がい

た。

中国地方の雄、毛利元就《もうりもとなり》である。

●毛利水軍を史上最強にした瀬戸内海賊の謎

瀬戸内海の愛媛県に面した島には、海賊城といわれる城がある。いずれも島や海岸に築かれた城で、瀬戸内海の海賊が拠点とした城である。では、この海賊とは、どういった人たちであったのだろうか。

日本は、その周辺を海に囲まれている。朝鮮や大陸との交通は、船によらなければならなかった。

神話だが、神武《じんむ》天皇の東征もはじめは舟出であり、神功《じんぐう》皇后の朝鮮出兵も軍船によっている。当時は「舟師《ふなし》」「船師」「ふないくさ」と呼ばれたが、舟の建造はその都度《つど》だから、恒久的な基地や基港があったわけではない。

大和朝廷が成立すると、朝鮮半島とのつながりが強くなり、交流、戦争のための船は数多くなり、六六三年には白村江《はくすきのえ》の戦いで、日本の水軍が、唐《とう》、新羅《しらぎ》の連合軍に敗れた記録もある。

大和朝の大宝令《たいほうりよう》によれば、主船司《しゆせんし》という役職の者が公私の船の管轄《かんかつ》を行なっていた。

大和朝の北方経営、蝦夷《えぞ》の討伐などにも、兵員、糧食の輸送には日本海の船が使われた。

時代は下って天慶《てんぎよう》の乱（九三九年）の藤原純友《ふじわらのすみとも》の居城、日振島《ひぶり》は、当時の海賊城で水軍の基地であった（3章参照）。

源平の合戦での瀬戸内海は、時代は異なるが、海上での関ヶ原《せきはら》ともいえる戦場となった。圧倒的な水軍力を誇る平氏に対して、源氏は平氏から離反した河野《こうの》水軍の力を借りて戦さを挑んだのである。一ノ谷《いちたに》、屋島《やしま》檀ノ浦《だんうら》、そして長門《ながと》壇ノ浦《だんうら》と平氏を追いつめ、ついに平氏を滅亡させた。この合戦で源氏は、紀伊《きい》、伊予《いよ》の水軍を用い、平氏は山陽、北九州の水軍を配下に置いていた。

これらの水軍は伝統的に、紀伊、瀬戸内海、北九州に根拠をもつ豪族によって保持され、海賊衆と呼ばれていた。この海賊衆は、豪族によって統制された正規軍的な水軍と、そのほかに海上浮浪者の集団のようなものがあった。

北九州には松浦《まつら》氏がいて、松浦党と称する水軍の集団を結成していた。その本拠は平戸《ひらど》城であった。

これらの有力な水軍の城の中でも、海賊城と称せられたのは、主に瀬戸内海の島に造られた城であった。しかし海賊城という呼称が、その当時からあったかどうかは定かではない。

瀬戸内海の海賊城の特色は、第一に水軍の基港であって、必ず近くに船を泊めて置くことのできる港であり、城は一種の根《ね》小屋であって、ここに籠城《ろうじょう》して戦う構想はまったくないため、防御はさほど厳重ではなく、むしろ船を操作する機動性のある土地が選ばれた。

したがって城の郭《くるわ》などは、さほど複雑なものはなく、規模もあまり大きくはない。瀬戸内海の海賊城に共通するのは、本丸の背後の守備があまり考慮されていないことで、これは敵襲に当たっては、いち早く船に乗って海上に出る、という特殊性のためである。

とくに能島《のしま》、来島《くるしま》などは、島全体を城として、その構造には特色があるが、多数の敵船に襲撃されて籠《こも》るような城ではなく、たとえば能島の城は、村上氏一族の争いの中で、船に燃えやすいものを積み、火をかけ、これを潮流を計って島にぶつけたところ、城はたちまちにして炎上してしまった、という実例がある。

このあたりに、海賊城の選地、縄張り、防御などに、通常の城との相違がある。

●下剋上《げこくじょう》時代の典型、毛利氏と陶《すえ》氏の争い

この海賊衆、つまり瀬戸内の水軍が戦国時代の争乱の表舞台にはなばなしく登場したのが、天文《てんぶん》二十四年（一五五五年）の毛利元就と陶晴賢《はるかた》との決戦であった。もともと毛利も陶も、大内義隆《よしたか》の家臣である。大内といえば、足利政権を支えていた守護大名のうちでも、もっとも強大な勢力を持ち、中国地方西部の大大名であった。しかし、応仁《おうにん》の大乱以後の下剋上の風潮はこの地までおしよせ、陶晴賢の反乱に遭って城を追われてしまった。

大内義隆は、文化的な意味では名君であったと伝えられる。城のある山口は京都風の文化に彩られ、中国大陸との貿易で貯《たくわ》えた富は、山口を当時日本一の都にしたのである。京は戦乱に明け暮れ、都の文化人も、きそって山口へ逃げてきた。フランシスコ・ザビエルを招いて布教の許可を出したのも義隆であった。

しかし、文弱に流れた義隆は下剋上の標的ともなり、城を追われ自刃したのである。

主君の仇、という大義名分をもって陶晴賢に決戦を挑んだのが毛利元就である。しかし、陶と毛利では力の差がありすぎた。すぐに行動を起こしても敗れることは明らかであった。

元就は居城の吉田郡山城《よしだこおりやま》から少しずつ勢力を伸ばすことに作戦を集中させた。その尖兵をつとめたのが長子の隆元《たかもと》、次子吉川元春《きっかわもとはる》、三子小早川隆景《こばやかわたかかげ》である。この三人の息子が〝三本の矢〟つまり一本の矢はすぐ折れてしまうが三本の矢なら折れることはない。一致協力して敵から守れ、と元就から諭《さと》されたという毛利三兄弟である（ただし〝三本の矢〟の説話は、後世にできたものである。それほど毛利一族の結束が強かったということであろう。事実、あらゆる意味で、みごとな協力関係を示している）。

隠忍自重して三年、まだ陶軍の戦力には遠く及ばなかったが元就は兵を挙げた。いや挙げざるをえなかった。瀬戸内海の要衝である安芸《あき》の宮島《みやじま》（厳島《いつくしま》）が陶軍におびやかされはじめたのである。厳島は吉田郡山城から瀬戸内海への出口である桜尾《さくらお》城の対岸に位置している。ここを押さえられたら鼻先の桜尾城が攻められるのは明らかであり、桜尾を守るのは至難であった。もし桜尾城が落ちたら、本城の吉田郡山城まで陸路で一気に到達できる。陶軍は二万、毛利軍は四千である。勝ち目はない……。

しかし、当時の実状としては、勝負の時期が早まっただけで、毛利はあらかじめ厳島を決戦の場と決めていたのだった。少ない兵力で大軍と戦うには広い戦場では無理である。大軍が動きにくい場所を選ぶしかない。それならば島がいい。幸い厳島は毛利氏の勢力圏である。こうして元就は厳島を戦場に選んだ。

厳島の宮尾城は小さな城である。もともと厳島は平氏が厳島神社を造って以来の神域であり、それほどの大きな城は築城できなかった。しかも一カ月で急遽《きゅうきょ》造った城である。毛利の宿老たちですら、宮尾城を決戦場とするには反対の声があった。それほどたよりない城だったのである。

●水軍の威力をまざまざと見せつけた厳島の戦い

天文二十四年（一五五五年）十月、はたして陶軍は攻めてきた。この厳島へ向けて二万の大軍が上陸したのである。宮尾城を守る将兵は四百、落城は時間の問題であった。

陶軍厳島上陸の報に接した元就は、桜尾城から指揮を執《と》った。作戦はすでに決めてあった。宮尾城が陥落しないうちに急遽出動し、隠密の行動で厳島への上陸を敢行し、一挙に陶軍を撃破する、というものであった。

こうして毛利氏の興廃は、厳島奇襲の成否と、宮尾城の堅守にかかり、かつ水軍において絶対的優勢に立つことが必要であった。そして水軍の補強については、秘策をもって着々と計画を進めていたのである。

陶軍上陸から四日間が経《た》っていた。陶軍は宮尾城を強襲して石垣に取りつき、もはや落城寸前であった。

元就は戦況を知り、ついに決断した。毛利氏の安芸河内水軍の六十艘《そう》、小早川隆景の率いる小早川水軍七十艘で攻め込むことにしたのである。味方についてくれるように要請した伊予の村上水軍はまだ来ない。もうこれ以上来援は待てない。そして決行は明日、と決められた。

翌十月二十三日、毛利方の全水軍百三十艘は厳島の対岸廿日市《はつかいち》に集結した。このとき、村上武吉《むらかみたけよし》に率いられた村上水軍二百艘が東南方から波浪を蹴《け》って到着したのである。毛利氏にとっては待望の援軍であった。

毛利軍は夜陰を利用し、暴風雨を衝《つ》いて厳島包ケ浦に敵前上陸を決行した。そして天候も毛利に味方した。陶軍は、こんな悪天候の日に毛利が船を出すはずが

萩《はぎ》市にある“三本の矢の教え”の碑（上）と毛利元就《もうりもとなり》

ないと読んでいた。したがって陶軍の防備は手薄であり、毛利の全軍は完全に上陸できたのである。

このとき、暴風雨はおさまり、晴れたのである。元就はすべての船を対岸に帰した。これは全軍に決死の覚悟を示したものである。文字どおり背水の陣であった。

上陸した毛利軍は四千、一方の陶軍は二万であった。しかし、油断を衝かれ不意討ちを受けた陶軍は大混乱した。しかも狭い島のことでもあり、この情況で両軍の兵力の優劣は逆転していた。

大勢はその日のうちに決したが、戦闘は三日間つづいた。この間に陶晴賢は海岸に逃げ、船を求めたが、ついに得ることはできなかった。毛利軍が焼き払っていたのである。進退きわまった晴賢に残された道は自刃しかなかった。

晴賢の首は家来によって岩の間に隠されていたが、その後の探索で発見されてしまった。また、この合戦で毛利軍の得た陶軍の首は、当時厳島の神官であった佐伯房顕《さえきふさあき》の手記には八千と記され、また吉川元春の部下で直接従軍した森脇春方《もりわきはるかた》の覚え書には四千七百四十余とある。これらの記述には多少の誇張はあると思われるが、投降者を含めて、厳島に渡った陶晴賢の軍が、総崩れの強烈な打撃を受けたことは明らかである。

この合戦の勝利が、毛利氏の全中国を制覇する最大のきっかけとなったのである。

●毛利水軍の将、小早川隆景はなぜ三原《みはら》を居城としたか

山陽新幹線の三原駅の上りホームから外を眺めると、それほど大きくはないが、よく整えられた公園がみえる。

その公園には「小早川氏の城跡・三原城跡」という看板が立てられている。ここが小早川隆景が築城した三原城の跡《あと》である。

隆景は毛利元就の三男である。小早川の姓を名乗っているのは、養子に行ったからである。

小早川氏は、もともと相模国《さがみのくに》（神奈川県）早川土肥庄にいた土肥実平《どひさねひら》から出ている。実平は相模の豪族だったが、源頼朝の挙兵に加勢し、鎌倉幕府の有力な家人《けにん》として、備前《びぜん》、備中《びっちゅう》、備後《びんご》の守護となった。実平の子遠平は、安芸国沼田庄の地頭となって、その子孫は小早川氏を名乗った。小早川正平《まさひら》のとき、毛利元就

の三男、隆景を養子として迎え、竹原《たけはら》小早川氏の家を継がせた。やがて本家の沼田小早川家も継いで、両家を合流させた。

戦国時代以後、元就の二男、つまり隆景の兄である吉川元春（彼も吉川氏に養子に入り、吉川氏を継いだ）とともに毛利両川と称されたほど毛利本家に協力した一族である。

沼田高山城が小早川隆景の居城であった。しかし、隆景は沼田から一二キロほどのところの海岸の三原を城地に選び、城を移した。

居城を変えた理由はいうまでもない、あの厳島合戦の教訓からである。

村上水軍の協力が厳島ではきわめて重要な役割を果たした。あの戦いの勝因の一つは、兵員を運ぶ船が確保できたことにある。もともと隆景自身、小早川水軍を率いていたために、瀬戸内海の重要性を知っていたのである。

三原は瀬戸内海のほぼ中央に位置する。瀬戸内海を制するものが西日本を制する。

このためには三原ほど格好の地はない。この時代の船の動力は主に風である。この風によって船は航路に乗る。つまり瀬戸内海という水路は、その上を吹く風によって船を東にも西にも移動させる。

三原は、この風を利用するにも、人力による漕力を利用するのにも、水軍の基地として、港としてもっとも適した位置にあった。

●毛利水軍の本拠地、三原城の謎

三原城の築城年代は、永禄《えいろく》十年（一五六七年）から十三年の間という説と、天正《てんしょう》八年（一五八〇年）から十年にかけてとの説があるが、現在では天正説のほうが強い。

いずれにせよ、三原の地勢は、沼田川河口から瀬戸内海に通じ、前方には佐木《さぎ》島、細《ほそ》島、岩子《いわこ》島、向《むかい》島、高根《こうね》島、生口《いくち》島、因《いんの》島、大三《おおみ》島、伯方《はかた》島、大島などの島があり、来島《くるしま》海峡をへて伊予国と相対している。

古くから瀬戸内海の中心であり、航行する船は、必ずこのどこかの島と島の間の狭い水路を通らねばならなかった。

必然的にこの海域は、古代から交通、軍事の要衝であり、この海峡を制する者は、瀬戸内海を制するというほどの重要地域だった。隆景は、この地形の歴史的重要性をみて、水路を制圧し、基地の城を造るために三原を選んだのである。

当時、毛利氏は中国を勢力下に置く大大名だったが、中央に織田信長が興隆し、日本統一はまだ定まらなかった。毛利氏が今後必要なのは、瀬戸内海を完全に制覇する水軍だった。水軍があれば、中国をおびやかす敵にも変化ある戦術で対応できるし、また水軍によって京に上ることもできる。毛利氏が中原《ちゅうげん》より、やや西に偏っているという地の不利も、水軍によって補うことができる。

三原城は、このような構想の下に、毛利水軍の本拠として、小早川隆景によって構築されたのである。

そのために、三原城はきわめて特色のある縄張りになっている。

●海に面した城という条件を活用した秘密

隆景が築城に当たって、もっとも注意を払ったのは水利であった。

なによりも水軍の利用できる基地でなければならない。船が常時停泊でき、そのうえ航行に都合よく、戦闘に参加しやすい出港口をもっていること。さらに、敵の水軍が攻めてきても、これに対して海と陸から同時に反撃できること。後背地から攻められたら、これに対する反撃と防御のため、すみやかに海上に逃れら

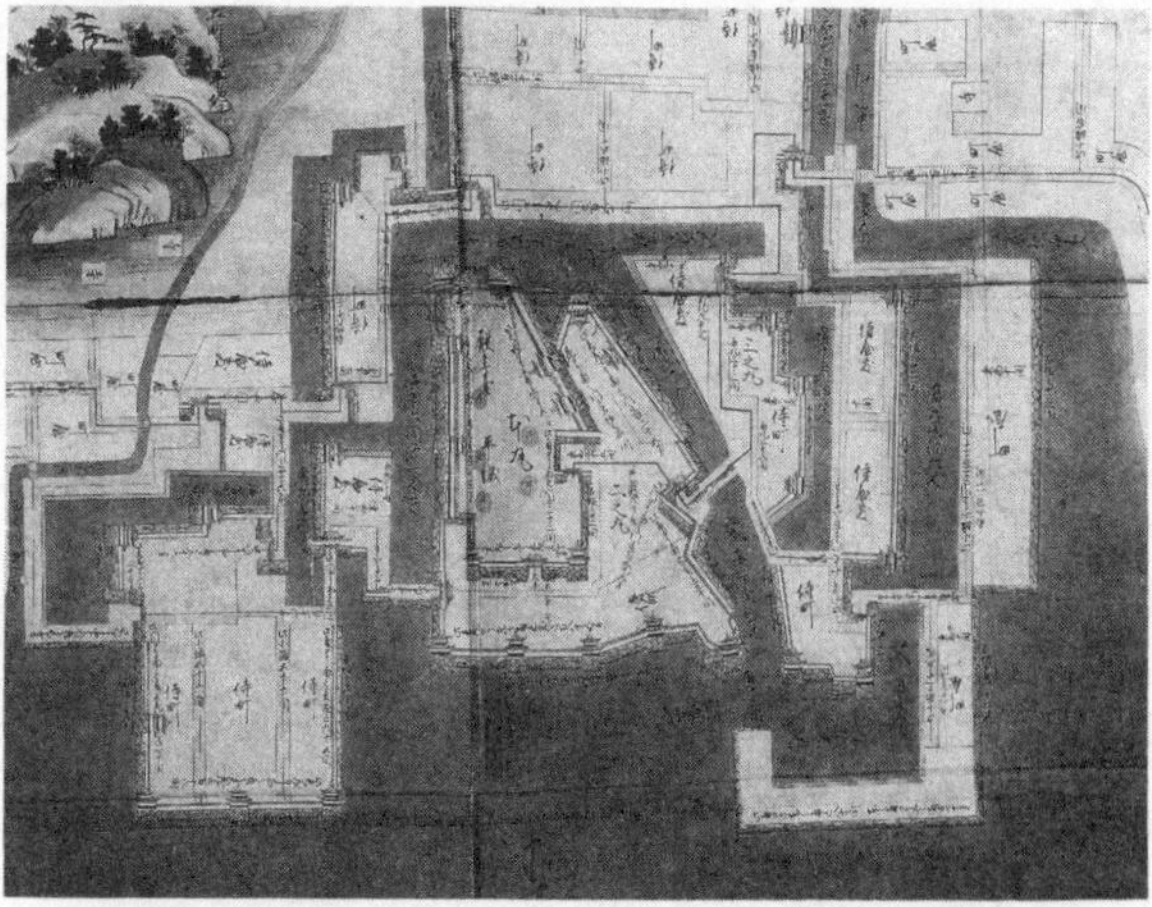

海岸と島を利用したことがわかる三原城絵図（内閣文庫）

三原城跡（天守台とそれをめぐる濠などは遺存）

れること。

こうして選ばれた地が、沼田川の河口である。この河口には小さな島がいくつもあった。そして島は、入り組んだ海岸線に都合よく点在していたのである。この数々の島と海岸を城地としたのであった。隆景は数多くの島を郭《くるわ》に造成し、海岸からそれぞれの郭まで堤防を構築し、そして島と島も堤防で結んだ。つまり、海岸線といくつかの島とを結んで城の外郭を造り、そうして中央の島を整地して、本丸と二の丸を置き、東側に三の丸を置いた。そのほか海中の小さな島を利用して、本丸と二の丸を東西から囲むように出島のような七つの郭を造った。この形は前ページ正保《しょうほ》城絵図によく現われているが、二の丸の東南に、出島の郭に囲まれるように二つの船入《ふないり》があり、その深さは約四メートルほどで、広さはほぼ二〇〇〇平方メートルほどあった。

要するに三原城は、海中に造られた海城だったのである。このような型の城は日本でもきわめて珍しかった。

隆景は、瀬戸内海の主な水軍の豪族を支配したが、自ら水軍の将となることはなかった。水軍の将は今までどおり、豪族の首領に任せ、これを牛耳《ぎゅうじ》ったのである。

天正十三年（一五八五年）、豊臣秀吉の四国征伐ののち、隆景は、伊予三十五万石に封ぜられ、伊予松前《まさき》に城と水軍の基地を造った。

さらに天正十五年の秀吉の九州征伐では、戦功により、筑前《ちくぜん》国と肥後《ひご》、筑後《ちくご》のうち二郡を加増され、はじめ立花山《たちばなやま》城に入ったが、これは山城なので、かつて立花氏が本城の支城として築いた名島《なじま》城を、大改築して居城とした。

名島城は、博多《はかた》湾内の岬《みさき》を城地とし、三方を海に囲まれた城で、水軍の基地としても地の利を得ていた。この名島城の築城は、秀吉も計画に力を入れたが、これは、当時九州各地がまだ不穏で、何か事が起こった場合、毛利氏の軍を、三原から名島に船で急行させるためであった。

隆景は、朝鮮の役でも渡海して戦った。とくに文禄二年（一五九三年）正月、碧蹄館《へきていかん》の戦いで、立花宗茂《むねしげ》とともに、敵将、明《みん》の李如松《りじょしょう》の大軍を破ったことは有名である。

慶長《けいちょう》元年（一五九六年）、隆景は隠居して三原城に帰り、翌年死んだ。

こののち三原城は、福島正則《まさのり》、ついで浅野長晟《ながあきら》の持城となったが、分家の浅野忠吉が三万五千石で入封《にゅうほう》し、世襲して明治を迎えた。しかし小早川隆景ののちは、水軍の基地としての機能は低下していった。

三原城は海に面した名城であった。しかし、陸上の城とは違って、築城工事は当時としては相当変わった工事であった。なにしろ足場が海なのである。工事用の柱一本立てるにも、多くの労力と優れた技術を必要とする。

多少地形的な違いはあるが、その難工事の例として松江城がある。幸い松江城は戦火を受けることなく、本丸付近は昔のままの姿が残されている。しかし城郭の大部分はすでに市街地になってしまったが、残された正保城絵図では、湖畔の城としてのその全容をしのぶことができる。

●なぜ、松江城の工事は難航したのか

慶長五年（一六〇〇年）、関ヶ原合戦で、徳川軍に加勢し、戦功のあった堀尾《ほりお》吉晴《よしはる》は、浜松十七万石から、出雲《いずも》、隠岐《おき》二国、二十三万二千石に加増され、初め月山富田《がっさんとだ》城に入った。

堀尾吉晴は、天文十二年（一五四三年）、尾張の御供所《ごごしょ》村に生まれた。父の泰《やす》晴《はる》は織田信長に仕えていた。吉晴は茂助ともいい、木下藤吉郎（のちの秀吉）に属し、十六歳で初陣、歴戦した。『太閤記』では、秀吉が稲葉山《いなばやま》城を攻めるとき、

茂助は間道を知っていて、秀吉の兵を案内し、城を落とした、という話がある。秀吉の部将として戦功を立て、豊臣家の中老職にまでなったが、秀吉の死後は徳川家康に通じた。

堀尾吉晴が、出雲、隠岐の領主になって、はじめに入った月山富田城は、文治元年（一一八五年）、源頼朝がはじめて全国に守護、地頭を置いたとき、出雲守護職となった近江源氏の一族、佐々木義清《よしきよ》が築いた山城である。そののちも山名《やまな》氏、京極《きょうごく》氏などの豪族がこの城に拠《よ》り、戦国時代には尼子《あまこ》氏が、山陰、山陽十一カ国の太守の居城として、この城にいた。

月山富田城は、標高一九二メートルの月山山上を本丸とする山城で、尼子氏の盛時には数峰に郭を置いた大山城だった。

吉晴は、富田城は要害ではあるが、山が高峻にすぎ、しかも尼子氏当時の城郭を守備するのには、数千の守備兵が常時必要なところから、もっと領国統治にも都合よく、しかも要害の城地を新しく探した。

吉晴は、富田城の周辺を連日、城地探しのため馬で駆け歩いたが、ある日、宍道湖《しんじ》と中の海との中ほどにある、亀田山《かめだ》と呼ばれている丘陵を見つけた。

吉晴は、この丘と宍道湖の水で、要害の名城を築くことを考え、ここを城地と定めた。

これが現在の松江城である。

工事をはじめたのは、慶長十二年（一六〇七年）、だから、吉晴はそれまでは富田城にいたのだが、もうこのころには、山上ではなく、山麓《さんろく》の居館を使っていた。

しかし松江城の築城工事は、きわめて難航した。というのは、亀田山を中心とする宍道湖岸一帯が、地盤がきわめて軟弱だったためと、雨が降りつづき、湖や河川の水量が増すと、城地に浸水するのである。このために、城の土木工事は、治水と地盤を固める基礎工事に莫大《ばくだい》な労力を必要としたのである。

治水の失敗で城地を放棄した例は、長宗我部《ちようそかべ》氏の大高坂山《おおたかさかやま》城（高知県）の例がある。

しかし吉晴は、一度決定した城地を放棄しなかった。

家中の侍、足軽を総動員し、領民を駆り出して、土塁、石塁を築く場所の基礎工事を行ない、治水のための放水路、堤防工事を起こした。

宍道湖《しんじこ》に美しく映える松江城天守閣

●湖城松江、築城秘話

松江城が、あまりに難工事で、労力の投入が大きいため、いろいろなエピソードが生まれている。

たとえば、工事難航のため、人柱を立てることになり、若い女を選んで埋めたところ、工事が順調に進行したとか、人柱は乙女ではなくて旅の虚無僧《こむそう》だったとか。ところが後日、人柱が城に祟って、変事が起こったなどという話がまことしやかに語られたが、これはすべて松江城の難工事にかこつけた後世の作り話である。

しかし吉晴の奥方が、奥女中や家臣の妻女を動員し、湯茶の接待をして工事にたずさわる人たちを励まし、餅や酒なども安く売ったりして、工事に協力したことは事実である。

こうして松江城が完成したのは、五年後の慶長十六年（一六一一年）だった。

松江城が難工事だったのは、地盤の軟弱と、治水の必要という地勢のためだった。

しかし、これを克服して完成した城は、みごとな湖城だったのである。

城は、宍道湖にのぞむ標高二八メートルの亀田山を中心として、ここに本丸と、その周辺に二の丸があり、内濠を巡《めぐ》らし、その外側南に三の丸があった。内城の周辺には、湖岸を造成した侍屋敷と町屋があり、二十三万石の太守の居城として威容を誇った。

松江城の特色は、平山城でありながら宍道湖の水を十分に利用した湖城だったことにあった。

堀尾氏は三代で嗣子なく、断絶し、京極氏が入り、のち徳川家康の孫、松平直《なお》政《まさ》が城主となり世襲して明治を迎えた。明治二十年代にこの町に住んだラフカディオ・ハーン（小泉八雲《やくも》）は、城下町の情緒をその作品中にたたえている。

三原城は海岸に造られた城であり、松江城は湖に面して造られた城である。そして、湖の中に造られたきわめて珍しい城も日本にはあった。

じつはこれまた、築城の名手、藤堂高虎《とうどうたかとら》（3章参照）が造った膳所《ぜぜ》城がそれである。

●藤堂高虎の造った隠れた名城、膳所城とは

琵琶《びわ》湖にのぞむ大津市、その市内本丸町の湖岸に、膳所公園がある。何か変わったところがある、といった特別の公園ではないのだが、ここはかつて、日本第一の湖城、といわれた膳所城のあとなのである。

城の遺構としては、わずかに石垣の一部分を残すのみで、すでに、名城のあとをしのぶものは何もないが、〝幻の浮城《うきしろ》〟といわれた膳所城とは、どんな城だったのだろうか。

平安京遷都で、天皇の都城が奈良から京都に移ると、琵琶湖は交通、軍事的な重要性をさらに増してきた。古くから逢坂《おうさか》山には関所もあったが、将軍も京に在城するようになり、琵琶湖とその湖岸の価値は高まった。

織田信長は、明智光秀に坂本城を築かせ、湖岸一帯を守らせ、羽柴秀吉も長浜城を築いた。

天正十三年（一五八五年）には、日本の中央部を平定した羽柴秀吉は、坂本城に代わって大津城を築かせ、浅野長政を城主とし、大津百艘船の制を定め、大津

城を琵琶湖の水軍、交通の基港とした。

関ヶ原の戦いのとき、大津城には京極高次《たかつぐ》がいたが、徳川軍に属し、そのため石田三成の軍に攻められ落城した。

関ヶ原の戦後、徳川家康は、落城した大津城を廃し、やや東南の湖岸、膳所崎に新しい城を築くことになった。

縄張りは、藤堂高虎に命じ、慶長六年（一六〇一年）から工事を起こした。

膳所城の構築に当たっては、多くの大名の助役を申し付けた。すなわち、これからのちの徳川氏が、多くの城を諸大名に助役させて構築させた、その初めての試みであり、そのために天下普請の第一号といわれる。

この時期には、大坂城に豊臣氏があり、京の東の関門となる膳所城は、きわめて重要だったので、その築城の規模も大きく、実戦的な城だった。

藤堂高虎の縄張りは、湖の中にあった岩盤を二つ、人工の島とし、ここに本丸、二の丸を置き、二の丸の北に北の丸、南に新曲輪《くるわ》を設け、このすべての郭の西に、三の丸に相当する郭を構え、その西南の湖岸に城下町を形成した。

二の丸と北の丸の間、本丸と二の丸の間には船入があり、水軍の基地となっていた。

本丸には、四層四重の天守があり、各郭にも櫓《やぐら》があったので、その美観は日本一とさえいわれたという。

膳所城が完成したのは二年後だが、初代の城主には戸田一西《かずあき》が三万石で入城した。膳所城は石高《こくだか》はあまり大きくはないが、幕府はこの城を重要視したので、そののちも、譜代か親藩の大名が城主になっている。

●なぜ、膳所城が幻の浮城と呼ばれるのか

膳所城が、幻の浮城、と呼ばれたのは、一つには、湖上から見た城が、水中に浮いていて、夢幻のようだった、ということである。その美しさは近江八景の中にも必ず描かれたほどで、水に浮かぶ竜宮城ともいわれた。

幻の浮城、という今一つのわけは、膳所城が完成してから六十年ほどすぎた寛《かん》文《ぶん》二年(一六六二年)、この地方に大地震があり、城も大損傷を受けた。そのために城の修理に当たって、本丸と二の丸をつづけて、一つの郭として本丸と称し、崩れた濠《ほり》を埋めたり、新しく濠を掘ったりして藤堂高虎の、水城としての縄張りが相当に変更、改造された。

要するに、精巧を誇った水城は、わずか六十年間で元の姿を消してしまったのだった。

だが、それでもまだ、水城の根本的な経始を失ってしまったわけではなかったのだが、明治五年になって、膳所城は廃城と決まり、城地がまったくこわされてしまったことは、この名城と称された浮城の完全な消滅であった。現在では、膳所城のかつての姿はまったく見られないが、幸いなことに、寛文二年の改築前の、膳所城の正保城絵図が国立公文書館、内閣文庫に残っていて、図面上ではこの幻の浮城を知ることができる。

膳所城は湖城だったが、もう一つ、湖に浮かんでいた城があった。

それは現在、長野県上諏訪《かみすわ》市に残っている高島城である。しかし今の高島城は、その周辺がすっかり陸地になってしまったので、浮城の面影は、まったくない。

高島城が造られたのは、文禄元年（一五九二年）、日根野高吉《ひねのたかよし》が工事を起こし、慶長三年（一五九八年）完成した。湖岸に近い島を結ぶ経始はきわめて特異で、湖に浮かぶその姿は〝諏訪の浮城〟と称された。高島城のその姿も、今は絵図でしのぶほかはない。

●なぜ、毛利輝元《てるもと》は広島城を平地に造ったのか

天正十九年（一五九一年）毛利、陶の両軍が激突した厳島の合戦から三十六年後、毛利元就の孫である輝元は、毛利氏が二百六十年間本拠としていた吉田郡山城から広島城に移った。

元就は元亀《げんき》二年（一五七一年）に死亡したが、長子の隆元がすでに死んでいたので、隆元の子である輝元が毛利氏の当主となっていたのである。

毛利氏は、このころ、天下人の豊臣秀吉に臣従していたとはいえ、中国地方の大大名だった。

輝元が城地として選定したのは、住みなれた吉田郡山のような山城ではなく、瀬戸内海に近い広島であった。天正十七年に着工し、二年後に輝元は広島に移ったが、城が完成したのは関ヶ原合戦の前年の慶長四年（一五九九年）であった。広島城の縄張りは、もと秀吉の軍師であり、中津城主だった黒田如水《じょすい》に依頼された。

その構想は、広島平野の海岸部に近く、太田《おおた》川、神田川などの河川の中洲に本

広島城天守閣（上）と、倒壊以前の櫓（下、昭和初年撮影）

丸を置き、南に二の丸、東南西の三方に三の丸、北に北の丸があり、その郭をさらに外郭で囲った。それぞれの郭は、外方を石塁で守られ、要所に櫓、城門、馬出しなどが設けられ、本丸の西端には五層の大天守、三層の小天守があった。如水の縄張りは、河川の水流に防御の構想を置き、治水に留意したものであった。

毛利氏は、海抜四〇〇メートルの山城から、一挙に低地の城に移った。これは毛利氏が、山城の強さより水城の防備を選んだためだったのだろうか。その答えの中には、当時の大名が歩んだ大きな時流がある。

毛利氏の吉田郡山城は、はじめ一つの荘《しょう》の地頭の城として造られた。毛利氏が中国の太守となったとき、すでに狭小になっていた。戦国の地頭の城としては要害で、敵に攻められたときの戦闘には都合がよくても、広大な領土を統治する中心としては山間にすぎたのである。

豊臣秀吉が天下を統一してのちの大名の居城は、山城のものは平地に移る傾向があった。これは城の性格が、戦闘本位から政治的な、領国統治の政庁としての機能を持ってきたためである。しかしまだ防御設備は重要視され、当時の城地の理想は、低い丘陵を中心とする平山城だったのである。

確かに大名の居城は、山から平地に降りたものもあるが、それによって城の発達を、山城―平山城―平城と限定するのは間違いである。これは単に近世大名の居城の、しかも一部の城の変遷にすぎない。山があっても、はじめから山城を選ばなかった築城者もいるし、山城にしたくても山がない地方もあったのである。

毛利氏の場合は、領国統治、城下町経営などの目的で山城から平城に移ったのだが、戦略的な意味では、いうまでもなく水軍基地としての計算もあった。

この場合、毛利氏は城の防御性を領国統治のため放棄したのではなく、山城の強さを水利による水城の強さに代えたのであった。毛利氏が百二十万石の太守として、万一大軍を迎え撃つとすれば、郡山城ではあまりに小さい。山城であるゆえ大軍を動かしにくい。数万の軍の拠点としては、広島城ほどの戦略的・政治的規模の城が必要だったのである。

さらに大きな理由が毛利氏にはあった。厳島の合戦の教訓もあるが、海に対する理解である。水軍の利用だけでなく、毛利氏は大船の建造を計画していた。毛利氏のかつての主君であった大内氏は、海外貿易で巨利を得、文化を吸収して山口を栄えた都としたのである。毛利氏も、外洋を航行できる大船を建造し、朝鮮や中国と交易し、巨大な利益を挙げるつもりであった。そのためには、城下町は海岸に近いほうがいい、かつて堺《さかい》が繁栄したように……。

毛利氏の広島城移転には、こんな理由があったのである。

●毛利衰退後、広島城はどうなったか

しかし、この夢は実現しなかった。城が完成した翌年の関ヶ原合戦が、情勢を大きく変化させた。この合戦で輝元は、西軍の総帥《そうすい》として大坂城にあった。そのため家康は戦後、毛利氏の所領百二十万石を没収し、周防《すおう》・長門《ながと》二カ国、石高も三十六万石に落としてしまったのである。

総大将であった毛利氏が、減封されたとはいえ断絶とならなかったのは、吉川元春の子である広家《ひろいえ》の尽力であった。

輝元は豊臣軍の主将となったが、広家は輝元の代理として関ヶ原に出陣し、家康に通じて毛利軍の参戦を阻止し、毛利氏の保全に奔走したからであった。

そして、他方の小早川氏は隆景の養子である秀秋《ひであき》（豊臣秀吉の甥で、秀吉の養子となって豊臣秀俊を名乗り、小早川隆景の養子となって秀秋と名乗った。この人も数奇の人である）が家康と内応し、合戦後、その功により東中国五十万石に封ぜら

れたが、秀秋は早死にし、のち名門小早川家は断絶した。

毛利氏は、岩国に封ぜられた吉川氏とともに西国に移り、萩《はぎ》城を築いた。すでに中国地方の太守ではなく防長二国の大名となっていた。そして雌伏《しふく》三百年、徳川氏に恨《うら》みを抱きつづけた長州藩は徳川幕府を倒す急先鋒として明治維新に参画したのである。

毛利氏の海外発展の夢を実現するはずであった広島城はどうなったのだろうか。

関ヶ原で徳川方に加勢した福島正則が、尾張清洲二十四万石から、安芸・備後四十九万八千石の太守として入城した。

しかし、正則にとっても広島城は幸運の城ではなかった。元和《げんな》三年（一六一七年）、城は大洪水に見舞われた。土塁、石塁、櫓などが大被害を受け、これを幕府に無許可で修復したということを理由に、領地と城を没収、正則は信濃《しなの》高井に四万五千石で転封された。

正則のあとには浅野長晟が四十二万六千石で入城し、世襲して明治を迎えた。

そして名城の誉れ高かった広島城は、昭和二十年八月六日、この地に投下された一発の原子爆弾により、すべての建造物を失ったのである。

5

なぜ、江戸城は世界最大の城といわれるのか

——難攻不落の名城を無血開城した謎

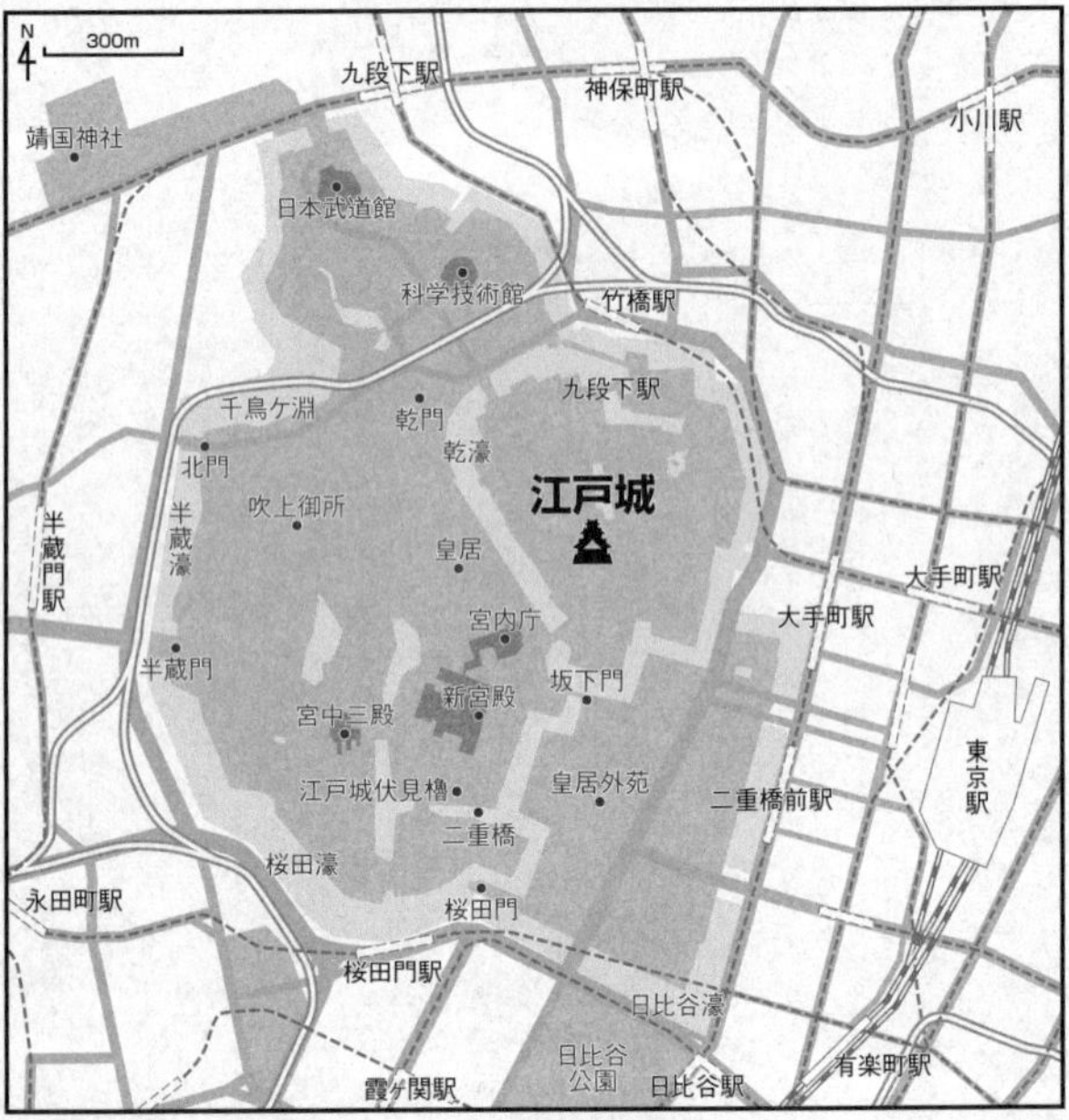

●この章に登場する主な史蹟

江戸城

大坂城

姫路城

●名城の三大要素、「選地《せんち》」「経始《けいし》」「普請《ふしん》、作事《さくじ》」

三名城ということばがある。みなさんはご存じだろうか。これは日本人の番付好みの評価だが、江戸時代には、名古屋、姫路、熊本ということになっていた。徳川氏の江戸、大坂を意識的に外《はず》したのだが、近ごろでは、三名城といえば、江戸城、大坂城、名古屋城のことをいっている。

この三つの中で、江戸城、名古屋城は、一度も攻められたことはないが、大坂城は徳川家康に攻められて落城している。

戦ったこともない城、落城した城が、名城として挙げられているのは、何を根拠にしているのだろうか。

そのまえに、いわゆる〝名城〟というのは、何が基準になっているのだろうか。ここで、名城という基本的条件を考えてみよう。

名城の条件の第一は、「選地」である。

つまり、どこに城を造るか、その土地選びであり、選ばれたその土地である。たとえば、戦闘のためにのみ城地を選ぶのなら、守り易《やす》く、攻め難《がた》い地形のところに城地を選ばなければならない。

　また、局地的な戦闘本位の城ではなく、領国統治を兼ねた居城だったり、政治、行政のための城として城地を選ぶのであれば、その領国内の中心となり、城下町の造れる、宏壮な土地で、しかも交通の要衝を選ばなければならない。いずれにしても、造る城の目的によく適合した土地でなければ、名城の第一条件に欠けるといえよう。

　名城の条件の第二は、「経始」である。まえにも述べたが、経始は「縄張り」ともいい、選んだ土地にどのような城を造るか、という設計である。築城の目的と、地形に適合しない設計では名城は生まれない。

　名城の条件の第三は、「普請」と「作事」である。「普請」は土木工事で、「経始」に従って、堀、土塁、石塁などの土木工事を行なう。そしてこの整備された城地の中に「作事」、すなわち建築工事——天守、櫓《やぐら》、城門、御殿などの建造物を造るのである。

　以上の「選地」「経始」「普請、作事」のすべてに優れた城が名城なのである。

　ここで、一つの実例を挙げてみよう。

　3章114ページに登場した長宗我部《ちょうそかべ》氏の大高坂山《おおたかさかやま》築城の失敗だが、長宗我部氏は、大雨が降れば川が氾濫《はんらん》することに気がつかず、築城に失敗してしまった。これは「選地」においてはよい城地を選んだが、「経始」と「普請」の甘い計算によって築城に失敗し、城地を放棄してしまった例である。山内一豊《やまのうちかずとよ》は、この長宗我部氏の失敗に学び、わざわざ築城家、百々安行《どどやすゆき》を招き、「経始」と「普請」を十分に研究させ、この「選地」を生かして、みごとに高知城を名城として完成させたのである。

●城の性格により名城の意味も変わる

以上は、築城術的な意味での名城だが、城が造られる目的、性格的な意味での名城を考えてみよう。

城の性格といえば、少々むずかしく聞こえるかもしれないが、戦国時代から近世大名の居城にいたるまでの城を分けてみると、三つの性格の城がある。

それは、戦術的な城、戦略的な城、政治的な城である。

地方の小豪族や小さい戦国の領主などが、戦さのためのみに備えて構築した居城や砦《とりで》は、局地の戦闘に拠点として利用される。その築城者の財力も、労働力の集結も分相応で、城も当然のことながら小規模である。このような戦闘本位の小城にも、その城地の選択や構築の方法で、名城もあれば凡城もあった。多くは地勢に依存する比率が高い。

このような意味での名城は、戦国の歴史をひもとけば数多く出てくる。たとえば高名な山城などすべてそれである。

戦略的な意味の名城となると、実際の戦闘、戦術上の有利性はもちろん必要だが、むしろ、その城の存在が戦略的に果たす役割のほうが重要視される。

たとえば、関ヶ原合戦ののち、徳川家康が藤堂高虎《とうどうたかとら》に命じて構築させた伊賀《いが》上野城とか、池田輝政《てるまさ》に造らせた姫路《ひめじ》城など、この意味では、すべて戦略的な名城ということができる。

たとえば姫路城の場合、近畿から中国筋に通じる要衝として、家康はこの地点を重要視し、そのため池田輝政に命じて、ここにきわめて戦略的に意味のある城を構築させた。それは大坂城を包囲する衛星のような城の一つであり、西から大坂を攻める拠点だったのである。

しかし姫路城の場合、構築の第一の目的が戦略的基地であるとはいいながら、この城にはきわめて実戦的な配慮がされている。

姫路城は中国路への要衝にあった

すなわち大手門である桜門から、天守までの直線四〇〇メートルの距離は、実際には曲がりくねった道によってその数倍の道のりになっている。輝政がこのような複雑な「縄張り」を考えたからである（姫路城の詳細については、『日本の城の謎〈築城編〉』を読んでいただきたい）。

姫路城が、戦略的な城でありながら、本丸、二の丸など主要部分に、きわめて戦闘的な構造をもっているのは、ひとえに築城者の池田輝政の性格の問題であろう。城内の迷路的な彎曲《わんきょく》、侵入者を執拗《しつよう》に狙《ねら》う狭間《はざま》、石落とし、そして天守内部のさまざまなからくり、石打柵、武者隠し、隠し狭間など、輝政は自分の城攻めや戦いの経験を楽しみながら、この城を造ったようなふしがある。まるで箱庭のミニチュアを楽しむように。

輝政くらいの武将になれば、敵が本丸あたりまで攻め込んでくれば、もう城は落城寸前、ということを十分承知していたはずである。

ともかく、この姫路城、熊本城、伊予《いよ》松山城などが、戦略的な名城といえるだろう。

●世界最大の土木建造物、江戸城

政治的な城ということになれば、近世大名の居城は、徳川政権の安定期に入ると、すべて、戦略的な城から政治的な城へと、好むと好まざるとにかかわらず、移行してしまうのである。

その中でもやはり江戸城、名古屋城、大坂城（豊臣氏の大坂城でなく、徳川氏が再建した大坂城）が名城といわれるのは、領国統治のための政治的な城でありながら、軍事的な意味でも防御性もまた抜群であったことを物語っているといってよい。

江戸城は名実ともに日本一の名城だが、それと同時に、居城としては、世界最大の城でもあった。

その盛時の城の面積は、二三〇万平方メートルにも及んでいる。城下町、城郭都市など住民の居住区を含まない城で、こんな巨大な城はほかに例がない。

江戸時代、江戸城に次いで大きい城は、名古屋城で、この広さは約九〇万平方メートルだから江戸城は三倍近い広さをもっている。

どうしてこんな巨大な城が造られたのだろうか。

大きい城を築くのには、資金と労働力が必要である。築城に要するエネルギーは想像もつかないほど莫大《ばくだい》なものだが、築城の根本的な考えは、次のようなものである。

城は、築城者のもっている力に比例したものでなければならない。

ここでいう力とは、資金、労働力、兵力である。

城造りの資金とは、石材、木材その他の材料費と、人夫に支払う賃金、食費などである。

労働力は、築城の労役に従う人員の力だが、これも城の大きさに比例して莫大な人数が必要だった。

兵力とは、その築城者が保有している戦闘員の数で、どのような名城でも構築されただけでは何の威力もない。城を守るのに十分な兵数が揃《そろ》っていなければならない。築城者の兵力で守れる大きさの城でなければ、防備は完全とはいえない。城の規模に従って守城に要する人員が必要なのだから、築城者の兵力と城の大きさは比例しなければならない。

この三つの原則は、現代の事業経営でも同じことがいえるのだが、戦国時代の

江戸城今昔比較

一般に江戸城といえば、各見附を含む、上の図の広さである。なお、理解しやすいよう、現在の建築物や地下鉄などは太字で表記している。
〔⊖は地下鉄の駅〕

江戸城の規模は世界最大であった

城造りには築城者の生命がかかっている。

したがって江戸城のような巨大な城になると、その築城に費やされた資金、労働力は莫大なものが必要だった。

江戸城の築城工事は、天正《てんしょう》十八年（一五九〇年）、家康が江戸に入ってからただちにはじめられたが、土木工事が主体で、屋敷などは仮のものだった。文禄《ぶんろく》元年（一五九二年）までの二年間で、本丸、二の丸、三の丸、西の丸、北の丸などが整備されたが、朝鮮の役でこの大工事はいったん中止された。

江戸城の大工事が再開されたのは、家康が関ヶ原の戦いの勝利により、日本の政権を掌握したのち、さらに世情が落ちついた慶長《けいちょう》九年（一六〇四年）からである。

江戸城築城に当たって、徳川氏がとった制度は、国普請《ぶしん》という名目であった。日本の実質的な支配者、将軍の居城であり、幕府という政治の中心である組織の政庁を、国を挙げての工事として、諸大名に助役を申し付ける、すなわち諸大名の費用で構築させたのである。

このとき、経始、縄張りは藤堂高虎が行ない、助役は、前田利長《としなが》、島津義弘《しまづよしひろ》、伊達政宗《だてまさむね》、加藤清正《きよまさ》、毛利秀就《もうりひでなり》、黒田長政《ながまさ》、細川忠興《ただおき》、福島正則《まさのり》、上杉景勝《かげかつ》、山内忠義《ただよし》、蜂須賀至鎮《はちすかよししげ》、鍋島勝茂《なべしまかつしげ》、池田輝政などをはじめとする七十大名であった。

大名は、原則的に所領千石につき一人の人夫を出すことになっていた。たとえば十万石の大名なら百人だが、なかには徳川氏の歓心を買うため、その十倍ほどの人夫を出した大名もあったので、盛時には一日に三万人ほどの人員が工事に従ったという。

●今、江戸城を造ればどのくらいかかるか

江戸城の築城工事は慶長十二年にも引き続いて行なわれ、このときは関東、奥羽、信越地方の大名が動員されている。

都合四回、約四十年間に及ぶ大工事の結果、内郭の周囲約二里（約八〇〇〇メートル）、東西約二十一町（約二三〇〇メートル）、南北約十七町（約一八五〇メートル）の大城郭が出現した。

ここで、江戸城築城にかかった費用をざっと計算してみよう。

まず城地の地価だが、江戸城は約二三〇万平方メートル、約七十万坪。千代田

区の現在の地価を、単純に坪七百万円だとする。七十万坪×七百万円、これだけで四兆九千億円である。ただ当時は、土地はすべて徳川幕府のものであるから、まったく地代はかからなかった。しかし現在ならいちばんかかるのが地代である。

次は土木材料費。平均六〇×六〇×一五〇センチの石材として、一個平均二万円。大坂城の場合四十万個使用しているが、江戸城はざっとこの三倍。計二百四十億円。

そして人件費。江戸城では一日三万人の人夫が動員されたこともある。一人日当一万円として一日三億円の人件費がかかる。江戸城築城に約四十年かかっているが、実働期間は二十年としても、約二兆円はかかる計算だ。

これだけで約七兆円。しかしこれには設計費、建築材料費、その他の諸経費は含まれていない。少なくとも十～十一兆円はかかるはずだ。

現在、日本でこのような大規模なプロジェクトを推進しようとしたら、おそらく日本株式会社は破産の憂《う》き目に遭うのではなかろうか。やはり、徳川幕府の、あの強大な封建制度の権力をもってしてはじめてできた事業であろう。

と同時に、この大プロジェクトのおかげで、徳川幕府の体制が確固たるものに

明治初年の江戸城市ヶ谷門（上）、後に市ヶ谷駅になった（下）

なったことも見逃せない。日本全国の大名に江戸城築城の資金と、労力を注ぎこませた結果、諸藩の財政は逼迫《ひっぱく》し、徳川氏に反旗を翻《ひるがえ》す財力をなくしてしまったのである。

●江戸城総攻撃に備えての幕府の二つの作戦とは

江戸城は一度も攻城戦を経験していない。ただ一度だけ戦う危機はあった。明治維新のときである。しかし、幕府は勝海舟《かつかいしゅう》たちの折衝により、江戸城を無血開城した。天下無双の堅固な城である。新政府軍の兵力での攻城なら十分に防ぐことができたはずだ。では、なぜ戦いを避けたのだろうか。そして、もし徳川氏が江戸城に籠《こも》って新政府軍と戦ったら、どうなっていたであろうか。

慶応《けいおう》四年（一八六八年）、この年は明治元年となるのだが、一月十二日、徳川慶喜《よしのぶ》は大坂から帰り、江戸城に入った。

すでに前の年の十月、慶喜は朝廷に大政奉還をしているので、将軍職は失われ、江戸城も徳川幕府の本拠ではなく、八百万石の大名徳川氏の居城にしかすぎなかった。

幕末・維新期の江戸をとりまく状況

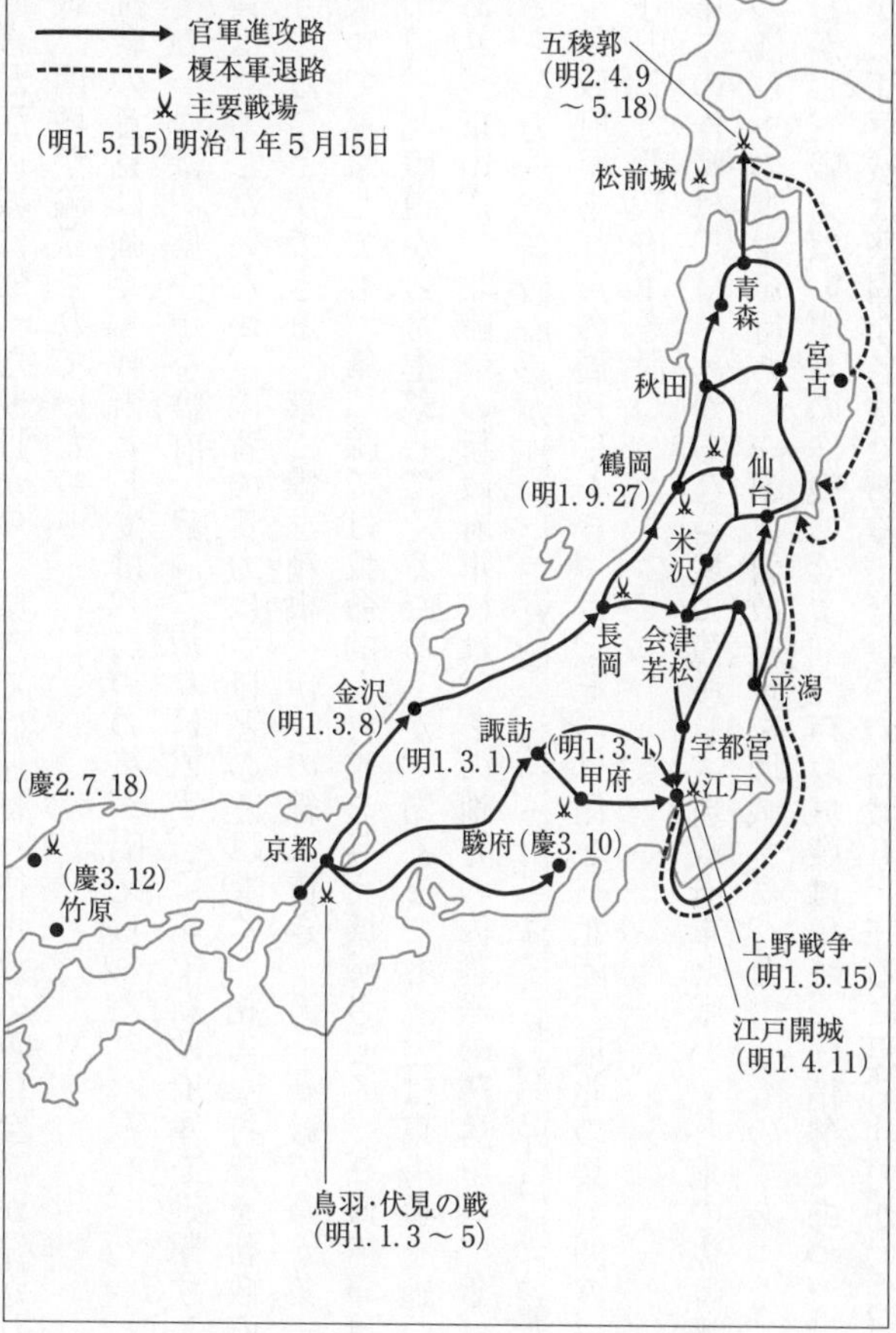

慶喜が江戸城に帰った翌日から、城内では連日、徳川氏の重臣会議が開かれ、抗戦、開城が論議されていた。

抗戦の意見は強く、戦術としては、二つの策が唱《とな》えられた。

その一つは、第一線を駿府《すんぷ》（静岡）辺《あた》りに置き、ここで新政府軍を迎撃する。勝負は兵力しだいだが、両者の兵力はさほどの差はなく、相当な打撃を新政府軍に与えることができる。第二線を箱根《はこね》、伊豆《いず》の線に置き、万一新政府軍が第一線を破って進撃しても、第二線では致命的な打撃を与え壊滅させる。新政府軍は、東山道、北陸道からも進撃してくるだろうが、あくまでも主力は東海道を進む軍であり、東山道、北陸道の新政府軍には、その地方の佐幕派の藩兵を当てる。

さらに万一、新政府軍が江戸に迫れば、江戸の町を焼き払い、江戸城に籠城《ろうじょう》し、新政府軍を江戸の周辺に引きつけ、その外側を、北陸、東北の兵で囲み、内外呼応して新政府軍を討つ。

第二の作戦は、はじめから江戸城に籠城し、新政府軍と戦い、各地の佐幕派の藩の江戸への進撃を待ち、一挙に新政府軍を壊滅する、というものであった。

しかし、戦えばいずれの作戦にせよ、江戸攻城戦は免れない情勢であった。たしかに江戸城は堅固な名城である。だがこの名城も、守るに足る兵力がいなければ名城も名城たりえない。この巨大な城を守るには、少なくとも十万ほどの兵力が必要だった。が、徳川幕府に権力があるときならともかく、この幕末動乱期に、徳川方の兵力を十万余人も集めることは不可能だった。もし、このとき十万余の兵がこの城を守っていたとしたら、新政府軍も江戸総攻撃を仕かけようとはせず、あらゆる謀略を使って戦争を避けようとしたに違いない。

勝海舟は、すでに幕府に人材が少なく勝ちめがないことを見抜いていた。彼はあらゆる手を使って和平工作を推進したのである。

●なぜ、江戸城は無血開城してしまったのか

勝海舟――彼は主戦派、和平派と分かれた幕閣の中で、和平路線を主張していた。

慶応四年（一八六八年）、海舟は陸軍総裁に任ぜられ、幕府の軍事の実権を握った。彼はすぐさまフランス一辺倒の外交を改め、当時、薩摩《さつま》と協力関係にあったイギリスにも近づいた。この工作が江戸城無血開城の一つの鍵にもなるのである。

新政府軍江戸総攻撃の日、三月十五日を目前にひかえて海舟はさまざまな工作をしている。もし西郷隆盛との会談が決裂してしまった場合の備えである。慶喜を水戸へ逃がし、江戸を焼き払う焦土作戦の下準備である。

三月十三日、江戸総攻撃二日前、第一回の勝海舟・西郷隆盛の会談が開かれた。このとき、海舟は江戸城の明け渡し、慶喜処遇の話の詳細はまだしていない。

この会談後、西郷の許《もと》に、イギリス大使から、「江戸総攻撃待った」の強い要望が届いた。横浜にある各国領事館の外国人の生命、財産の安全のために江戸が戦場になっては困る、というのである。薩摩の同盟国であると思っていたイギリスの申し出に、西郷は困惑した。三月十五日の江戸総攻撃は事実上困難になった。

三月十四日、第二回の勝・西郷会談が開かれた。この席では勝海舟のおおよその計算どおりに事は進んだ。徳川慶喜の生命の安全は保障され、しかも戦争責任者の処刑も軽減されたのである。西郷ら新政府軍の考えていた無条件降伏の線は相当に後退し、ある程度徳川家に有利な条件になったのである。

しかし、勝海舟にとってもこれは大きな賭《かけ》だったのであろう。この会談で有利な条件を引き出せる情勢や自信が完全にあったわけではない。

だが、江戸は焦土化することを免れ、多くの生命、財産が救われたのである。

●江戸城もし戦わば

もし、幕府軍が、江戸城に十分な戦意ある兵力と食糧を備え、これを新政府軍が攻めたらどうなっていただろう。仮定にすぎないが、新政府軍は手痛い打撃をこうむり、戦況は幕府側に多少有利に展開、以後の歴史は相当に変わっていたかもしれない。

このような情勢だったら、もし有能な新政府軍の指揮官なら、十分な兵力と食糧を備えた江戸城を攻めるようなことはけっしてしないだろう。一般に攻城戦では、城を攻め落とすには、相手側の十倍以上の兵力が必要だとされている。江戸城を守るのに必要な兵力十万人が配置されていたとしたら、これを攻め落とすのに百万人の兵力が必要ということである。

百万の兵力があったとしても、心ある指揮官なら戦わない。最終的な勝ちめがあったとしても、攻める側の兵力の死傷、物資の消耗を考えれば、戦うべき戦いではない。さらにこの時期にはまだ日本のほうぼうに徳川幕府への同調者もいることである。

江戸城はきわめて堅固な防備体制をもち、十分な守備兵さえあれば、あらゆる城攻めの定石が通用しない城なのである。火攻め、水攻め、もぐら攻め、兵糧攻めなどではまったく通用する城ではない。古今東西の城攻めの英知を結集したとしても、この城には大した損傷は与えられない。これはもちろん、当時の兵器の性能では、との条件においてである。

優れた指揮官と戦意のある十分な守備兵、十分な食糧があれば、この城は難攻不落である。

とすれば、この城を落とすには謀略しかない、権謀術数のあらゆる手段をつくして、戦火を交えず開城させなければならない。

しかし、当時の情勢を考えてみると、まことに恐怖に堪《た》えない。もし江戸で戦闘が起こり、戦争が長びいたら、アメリカ、ヨーロッパの各国は、その隙に乗じて、豺狼《さいろう》のように日本におそいかかり、日本に領土と権益を求め、日本を植民地化したであろう。

おそらく北海道はロシアの植民地に、九州はヨーロッパの諸国に分割されてい

明治初年の数寄屋橋《すきやばし》門（上）と昭和60年代の数寄屋橋交差点（下）

たかもしれない。当然、横浜、神戸、長崎は香港《ホンコン》の二の舞になっていただろう。その意味では、勝海舟や西郷隆盛などの和平への決断は、日本のためにきわめて好運だったというべきであろう。

●なぜ、難攻不落の名城大坂城が落城したのか

江戸城と同様に、豊臣氏の大坂城も難攻不落の城だった。しかし大坂城は、徳川家康によって落城させられた。江戸城の開城とは意味の異なる、軍事的な落城である。

この大坂の陣の大坂城落城は、これまたみごとな謀略戦だったのである。

慶長十九年（一六一四年）十一月と、翌年の慶長二十年五月にかけての、大坂冬の陣、夏の陣の両役で、難攻不落といわれた大坂城が落城した。

この落城の理由は、『日本の城の謎〈築城編〉』の7章に詳しく書いたのだが、もう一度要点を簡単に説明しよう。

慶長十九年十一月、徳川家康は二十万の大軍で大坂城を囲んだ。大坂城の軍は約十万、籠城し、戦意も盛んだった。

この冬の陣では、大坂城は落城しなかった。

それもそのはずで、大坂城攻めの場合、徳川軍は百万ほどの軍勢が必要なのに、二十万しか兵力がなかった。

このため、大坂城は正攻法では落とせない、と家康は見抜いた。そこで家康は、まず謀略によって偽りの和睦《わぼく》を結んだ。

この和睦を結ぶために、大坂城に激しく大砲を撃《う》ちかけたり、地下道を掘り進めて城を地下から爆破する、などの陽動、あるいは心理作戦を用いた。当時の大砲の攻撃くらいでは大坂城はびくともしないし、地下道も当時の土木技術では城の重要な箇所まではとても掘り抜けない。

さらに和睦を進めるために、大坂方に近いいろいろな人物を使って、戦いの無益を説き、豊臣氏の将来を保証するなどの手を打った。

この結果、豊臣氏は五分五分の戦さをしていたにもかかわらず、徳川氏と和睦を結び、冬の陣は終わった。

家康はあくまでも豊臣氏を滅ぼすつもりだから、翌慶長二十年四月、再び大坂城を攻めた。これが夏の陣である。

冬の陣のとき、大坂城は、和睦の条件の一つとして将来、戦さをしない証《あか》しとして外濠《そとぼり》を埋めることになっていたが、家康は徳川の将兵や人夫を使って本丸の内濠までも埋め、しかも石垣も大部分こわしていた。

天下の堅城が、その防御機能を半減されていたのである。防備的には名城の資格を失っていたというべきかもしれない。

大坂城本丸は裸に近い状態だから、城に籠って戦うわけにはいかない。大坂の郊外に出撃して戦った。こうなると二十万対十万の兵力では勝負の先は見えてくる。大坂方はよく戦ったが、野戦で敗れ、本来の防御機能を失った城は簡単に落城してしまった。

大坂夏の陣の落城は、和睦という謀略にかかり、城の防御機能を破壊されたことが直接の理由である。

しかし、奥深い要因はほかにもある。

大坂城には、この城に拠り、十万の全軍を完全に掌握して戦える器量のある総大将がいなかった。秀頼《ひでより》にその才能はない。

したがって冬の陣で数カ月、あるいは一、二年持ちこたえたとしても、豊臣恩顧の大名がいっせいに蜂起して、徳川氏に当たり、豊臣の天下に戻すという望みはうすい。

幕末の大坂城本丸東面《ひがしおもて》（上）と同位置の現況

結局は何らかの形で城を明け渡すか、謀略によって落城する運命にはあったのである。

家康は、徳川政権の確保のために、後顧の憂いとなる危険のある豊臣氏は必ず滅ぼす考えであり、しかも大坂城は、西日本の中心である。大坂城に秀頼をそのままにしておくことはなかった。

慶長二十年五月八日、大坂城で秀頼が自刃してのち、一年足らずの翌元和二年四月十七日、家康は死んでいる。

もし、大坂方に、時流を見通せる人物が大将なり、実権者としていたならば、徳川氏との開戦を避け、あるいは冬の陣の戦局をそのまま維持して、再び豊臣の時代、あるいはそこまでいかなくても、豊臣氏を有力な大名として継続させることができたかもしれない。

●維新前夜、江戸城を落とせる戦術家はいなかった

日本では、城攻めの戦いは、この大坂の陣をもって最後とする。そののちは、わずかに島原《しまばら》の乱があったのみである。つまりその後二百五十年間、まったく平

和な時代がつづいた。したがって城攻めの戦略戦術は、十七世紀初頭以来、なんら発展することもなく、外国の文献が入って西洋の戦術が紹介されるまで凍結されたままになった。

江戸時代、蘭学の興隆で、ヨーロッパの築城、攻城の戦術が研究されはじめたとはいいながら、それはまったく机上の空論でしかなく、慶応四年、明治元年当時、江戸城を本拠に幕府が戦うとすれば、どのような守城の作戦、戦術をとるか、的確といえる戦闘を指揮できる戦術家が、いたかどうかは疑問である。このことは、もし江戸城を包囲攻撃することになれば、新政府軍にも同様なことがいえるだろう。

●城攻めのテクニック、その六つの秘法とは

戦国時代、日本の城攻めの最盛期に、主に用いられていた城攻めの方法には次の六つがある。

正攻法

火攻め
水攻め
穴攻め
兵糧攻め
奇襲

正攻法は、通常の戦法だが、その兵力は、前述したように、城の守備兵の十倍以上の兵力が必要である。まず城を包囲し、城の弱点と思われるところに集中攻撃をかける。城門などに大木、大石をぶつけてこわし、あるいは堀を渡り、城壁を登って城内に突入する。戦闘は多勢を頼んでの強襲である。城に近づくまでは楯《たて》や竹束で矢弾《やだま》を防ぎ、城に近く井楼《せいろう》などを築いて、ここから弓矢、鉄砲などで射撃する。そして城内の抵抗力を弱め、侵入し落城させる。

火攻めは、火矢を城内の建物に射かけて炎上させる。あるいはよく燃える物を車などに積んで城の燃えそうな場所に突入させる。また城内に細作《さいさく》（スパイ）を入れるか、内応者を作って放火させる。日本の城の建物は木造部分が多いから燃えやすい。建造物が燃えることは、城門や柵以外なら、防御性にとってさほど致命的ではないのだが、一緒に兵器、食糧などが燃えると損害は大きい。さらに城兵にとって、城内の火災発生は心理的な動揺をきたしやすい。火攻めの場合、城内炎上と同時に総攻撃を開始する。

水攻めは、日本の城攻めではよく用いられた。この場合、低地にある城に限られ、また水攻めができる条件を必要とした。通常は、城の周辺に堤を築き、近くの河川の水を導入し、城を水の中に孤立させる。水没させられれば理想的だが、その実例はない。包囲して気長に待つわけだが、大規模な土木工事、敵の妨害を排除する兵力が必要である。実際には城の周辺を泥沼にして、敵の行動を封じた程度の水攻めもある。秀吉の備中《びっちゅう》高松城水攻めがもっとも有名で、このときは高さ一〇メートルほどの堤防を三〇〇〇メートル近く築いている。

穴攻めは、もぐら攻めともいい、トンネルを掘って城内に侵入する、あるいは城門、櫓などを陥没させる、火薬を仕掛けて爆破する、などだが、小さい城攻めでは用いられず、例としては大坂冬の陣のとき、徳川軍が大坂城に向かってトンネルを掘って、火薬を仕掛けて城を爆破すると宣伝して心理作戦を狙った。中国やヨーロッパの城攻めではよく用いられた。

兵糧攻めは、城を包囲して、城内の糧食のなくなるのを待つのだが、同時に、城内への糧食搬入の道も断たなければならない。したがって、完全に城を包囲するだけの兵力が必要で、時間的な余裕も十分にあり、敵の援軍を撃退する余力も必要である。食糧だけでなく、飲料水を断つ場合も水攻めというが、これは一種の兵糧攻めである。実例では、秀吉の三木城攻め、鳥取城攻めがある。いずれも城兵の十倍程度の三万ほどの軍で囲み、三木城は十八カ月、鳥取城は四カ月で落城させた。

奇襲とは、正攻法、火攻め、水攻め、穴攻め、兵糧攻め以外の、城兵が思いもかけないような定法《じょうほう》にない方法で城を攻めることである。源義経の、侵入不可能と思われた場所からの一《いち》ノ谷《たに》攻めとか、北条早雲《そううん》の小田原城攻めの火牛《かぎゅう》の計とかは一種の奇襲である。

しかし、これまで見てきたような、ありとあらゆる攻城戦術をもってしても、海内《かいだい》無双を誇る江戸城は条件さえ揃っていたらけっして落城しなかっただろう。いや、当時のオランダ式の攻城戦略をもってしても同じことだろう。

徳川家康は、城造りに築城の名人を用い、そのありとあらゆる守城のノウハウを投入させたのである。

その最高の名城、江戸城がもし明治維新のとき、名将と十分な戦意ある兵士と食糧、武器、弾薬という諸条件が満たされていたならば……。

歴史ファンにとって、奇想天外な世界が展開していたかもしれないと、想像は尽きないのである。

6

なぜ、上杉謙信《うえすぎけんしん》は天下人《てんかびと》になれなかったのか

——春日山《かすがやま》城、一乗谷《いちじょうだに》山城、雪に泣いた武将の謎

●この章に登場する主な史蹟

春日山城
一乗谷山城
小谷城
北ノ庄城

●上洛《じょうらく》競争の勝利者は、小領主の信長だった

現在の日本の政治・経済の中心は、いうまでもなく東京である。国会議事堂に代表される政治はもとより、経済的にも大企業のほとんどが東京に本社を置いている。

しかし、東京が日本の中心になったのは、徳川氏が江戸に幕府を開いてから後のことである。それ以前の、大和朝廷にはじまる日本の統一国家の中心は、すべて近畿にあった。いわゆる五畿内《きだい》（山城《やましろ》・河内《かわち》・和泉《いずみ》・大和《やまと》・摂津《せっつ》）のどこかに首都が置かれていたのである。武家政治のはじまった鎌倉時代も例外ではない。幕府と称する表向きの政庁は鎌倉にあったが、政治的には形式的とはいえ都は御所のある京であった。

近畿を制する者が日本を制した。このことは、また日本の歴史が証明しているといえよう。政治を左右するような主要な合戦は、ほとんど近畿を舞台に展開されているのである。

古くは、皇位をめぐる最初の内戦であった壬申《じんしん》の乱、平氏の力を絶対的なもの

とした保元《ほげん》・平治《へいじ》の乱、南北朝の争乱、そして応仁《おうにん》の大乱がそうであった。戦国時代も、もちろん例外ではない。有力な大名は、それぞれ京都を目指したのである。そしてこの時代の戦国大名を見ると、京に上り、天下を狙《ねら》うにふさわしいものが何人かいる。それぞれに広大な領地を持ち、力もあった大名たちである。

越後《えちご》（新潟）の上杉謙信《けんしん》・甲斐《かい》（山梨）の武田信玄《しんげん》・相模《さがみ》（神奈川）の北条氏《うじ》政《まさ》、駿河《するが》（静岡）の今川義元《よしもと》、越前（福井）の朝倉義景《よしかげ》、中国の毛利元就《もうりもとなり》……。

しかし、最終的に天下に号令できそうになったのは、わずか尾張《おわり》半国の領主でしかなかった織田信長であった。その信長も覇業半《なか》ばで斃《たお》れはしたが……。

なぜ、力のある大大名たちに天下統一の事業が達成できなかったのか。

この章では、上杉謙信を中心として、有力大名たちが、なぜ天下を取れなかったのか、その原因、その謎を追ってみよう。

●武田信玄に勝てないことを信長は知っていた

織田信長という武将は、伝説の多い人物である。短気であった、という性格上の特徴についても、多くのエピソードを生んでいる。

「鳴かなくば殺してしまえホトトギス」という彼の性格を詠《よ》んだ句があるが、しかしそれは、単なる彼の一面にすぎない。

じつは、信長ほど慎重な武将はいなかったといっていい。その慎重な性格がもっともよくあらわれているのが、武田・上杉に対する彼の政略である。

信長は、一度も武田信玄の軍と対決しようとしなかった。それどころか、しばしば贈り物をしてご機嫌とりをしている。それは上杉謙信に対しても同じである。

信長が武田信玄と合戦する機会が、じつは一度だけあった。織田・徳川の連合軍が武田騎馬軍団を迎え討った三方《みかた》ヶ原《はら》合戦である。だが、連合軍といっても、主力はあくまで徳川軍であった。武田軍に領地を侵されていた徳川に、信長は盟約の義理から援軍を出したにすぎない。まともに戦っては勝てるはずのないことを知っていた彼は、援軍の将たちに武田軍とはぶつかるな、もし遭遇したら逃げろ、けっして戦うな、ときつくいましめている。それほど武田軍を恐れていたのである。もちろん、この三方ヶ原合戦は武田軍の圧勝であった。

信長は、冒険をしない武将であった。彼が冒険したのは生涯を通じてたったの一度、今川義元の大軍をゲリラ的に強襲した桶狭間《おけはざま》の合戦だけである。

これ以後、信長は勝てる戦さしかしていない。兵員、武器、そのすべてで敵を上回るときにしか戦闘を交えていないのである。

信長は武田信玄の死を待っていた。そして武田騎馬軍団を破る方法を考えていた。

馬防柵《ばぼうさく》、これが信長の用いた騎馬軍団の進撃を阻止する方法であった。そして信玄のもとに統率された軍団さえいなければ武田勢も恐《こわ》くない。

天正《てんしょう》三年（一五七五年）、信玄の死を知った信長は兵を進めた。目指すは三河《みかわ》（愛知）長篠《ながしの》である。これが中世的戦闘から近世的戦争への転機となったといわれる長篠の合戦である。信長は戦場に馬防柵を設け、鉄砲三千丁を準備した。突撃する武田の騎馬隊を馬防柵で阻止し、鉄砲の一斉射撃で一挙に壊滅的打撃を与えたのである。この戦いに敗れた武田氏は転落の一途をたどる。

戦国の群雄
（16世紀半ばの勢力地図）

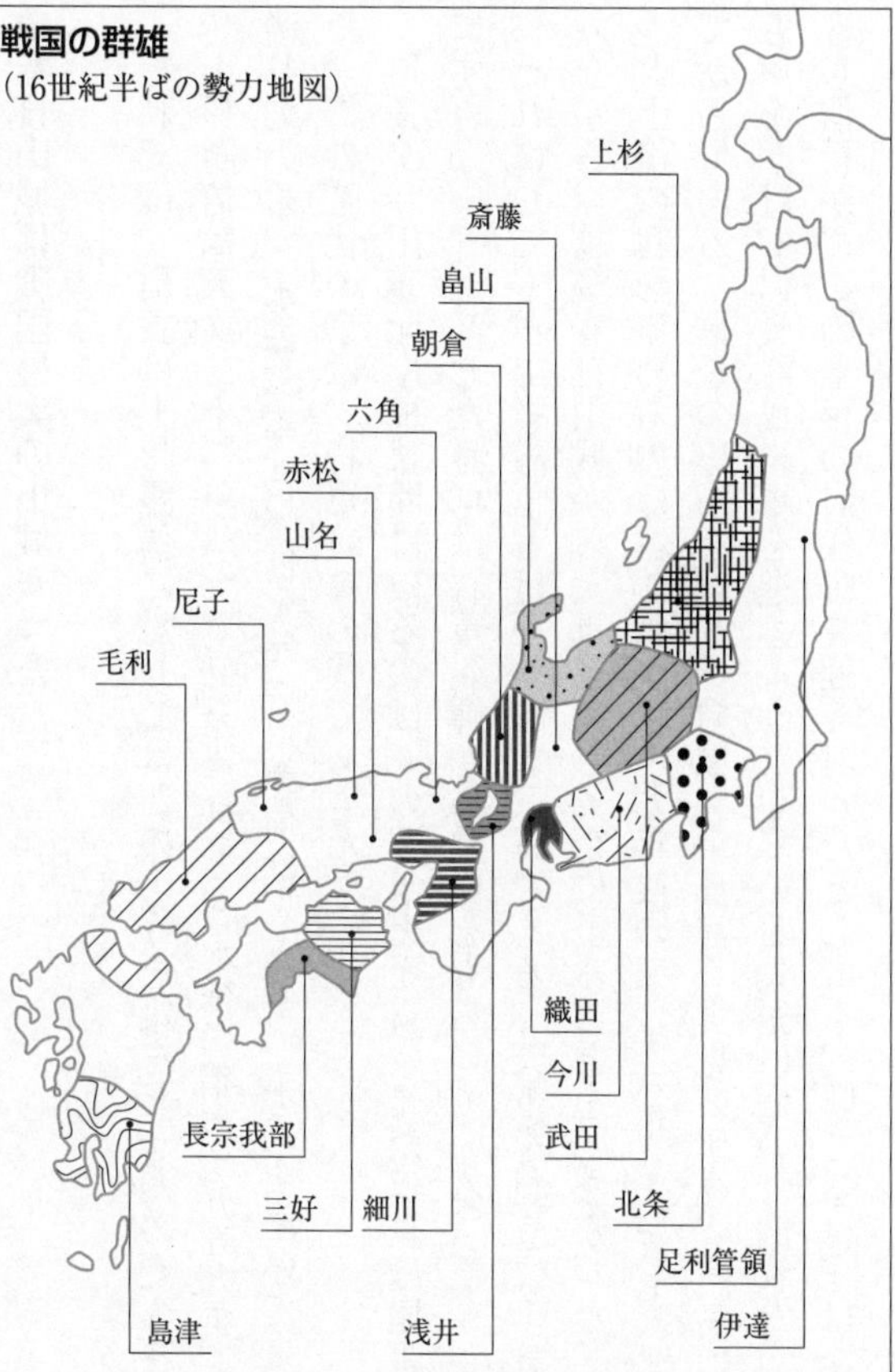

（注）細部の境界線は省略してあります

応仁の乱から約１世紀、戦国の争乱を生き抜いてきた大名ばかりである

●春日山城は戦国最大の山城だった

それでは、信長は上杉謙信に対してはどのような策をとったのだろうか。

上杉謙信は天文《てんぶん》二十二年（一五五三年）秋と、永禄《えいろく》二年（一五五九年）の二度上洛している。永禄二年、越後を発《た》った謙信は、五千の手兵を率いて京に到着した。この時代の京は、将軍義輝《よしてる》の代であった。

信長が今川義元を桶狭間に破るのはこの翌年だから、まだ信長は尾張の小大名にすぎない。上洛した謙信は将軍義輝から鉄砲をもらっている。

それにしても、上杉謙信とは不思議な武将である。天下を狙うに十分な力がありながら、越後春日山城から大軍を擁して京に上ることをしなかった。謙信がやっと上洛の兵を集めるのは、これから十九年後の天正《てんしょう》六年（一五七八年）になってからである。信長の専横を怒り、結城《ゆうき》、宇都宮《うつのみや》、里見《さとみ》、伊達《だて》、芦名《あしな》の諸大名にも声をかけ、信長討伐の軍を進めようとしている矢先に病いで倒れた。しかし、もし信長が、この上杉の討伐軍を迎え討ったとしても、勝てるはずはなかっただろう。

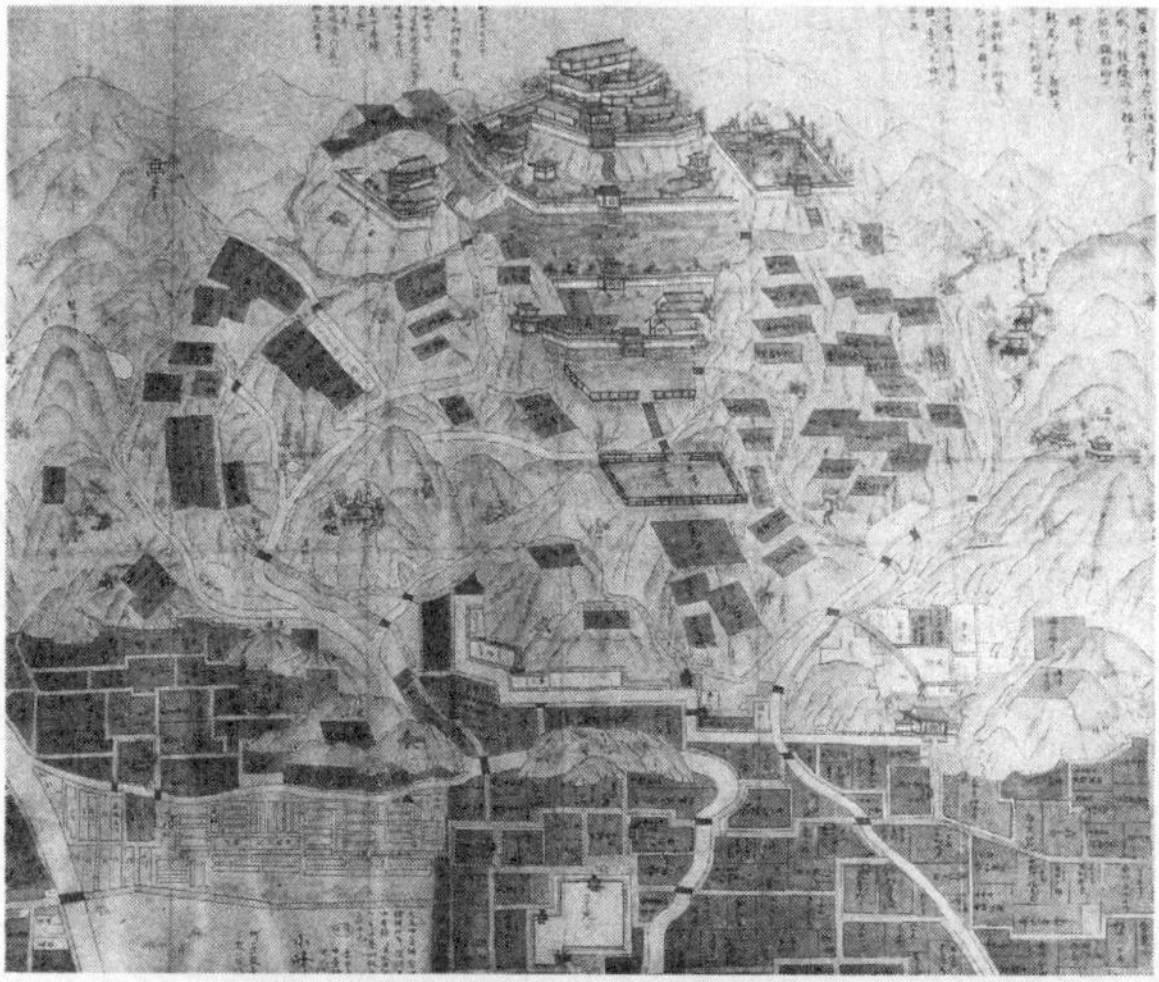

壮大な春日山《かすがやま》城絵図（上）と上杉謙信

だが、謎は残る。謙信はなぜ、もっと早く大軍を京に進めなかったのであろうか。

謙信の居城であった春日山城は、日本で最大の山城の一つである。ただ、この時代の山城は、中央の山に本丸を置き、これを囲む形で、まわりの山々に曲輪《くるわ》を構え、見張所や砦《とりで》を置いたものである。したがって、どこまでを城地として考えるかで、その城の大きさは変わってくる。

浅井長政《ながまさ》の近江《おうみ》（滋賀）小谷《おだに》城も周囲の連山を利用した大規模な山城ではあったが、小谷山城には信頼のおける城の記録が残されていない。その点、春日山城は、林泉《りんせん》寺と上杉神社に二つ絵図が残されており、細かい部分での相異はあるが、輪郭その他はほぼ同じで、当時の山城の様子をある程度知ることができる。

ただ、春日山城という名称は近世以後の呼称で、上杉時代には用いられていない。春日山は、古来「はちがみね」と呼ばれていた。八つの峰からなる山だったからである。謙信の書状にも春日山城という名称は登場せず、ひらがなで「はちがみね」と書いたものが多く、単に「春日山」あるいは「春日山要害」といっていた。「春日山へ帰城」と記したものもあるが、春日山城という名称はない。

春日山は、海抜一八〇メートルの半独立峰である。眼下には今の上越《じょうえつ》市高田の頸城《くびき》平野、日本海への出口である直江津《なおえつ》を展望し、北陸道・信州街道を掌握できる地にある。

地形も峻険である。北側から西側にかけては急崖《きゅうがい》で、東側と南側へは支脈が連なっている天然の要害である。

春日山城の絵図によれば、御天上《おでんじょう》と呼ばれる本丸から東南に向かって二の丸、三の丸とあり、北に直江曲輪《なおえぐるわ》、東に千貫門《せんがんもん》が位置している。西の景勝《かげかつ》屋敷（いずれも後世の呼称）から東の蓮池《はすいけ》まで、直線にして約七〇〇メートル。壮大な山城である。一般に出城の砦までは城地に含めないが、峰々の砦まで含めて考えると、江戸城の外堀を含めた城地よりも大規模なものとなる。

●敗戦の教訓が春日山城を生んだ

上杉氏は、なぜこれほど大きな山城を築いたのであろうか。

もともと春日山城は、越後《えちご》の守護上杉家の非常時退避用として築かれたものである。そして、守将がその部将長尾《ながお》氏であった。長尾とは、上杉謙信の旧姓である。彼は上杉謙信を名乗る前は長尾景虎《かげとら》であった。父は長尾為景《ためかげ》で、越後守護上杉房能《ふさよし》の守護代であった。

永正《えいしょう》三年（一五〇六年）、長尾家の当主能景《よしかげ》が越中《えっちゅう》で戦死し、為景が守護代を継いだころから、応仁の大乱以後の風潮としてあった下剋上《げこくじょう》が顕著となり、守護上杉房能は翌四年、為景のために滅ぼされた。

房能が暗愚であったからとも、勢力を伸ばしてきた為景を恐れた房能が暗殺を試み、逆に攻められたともいわれている。

房能は分家の上杉房実《ふさざね》の子定実《さだざね》を養子としていた。親子仲は悪く、長尾為景は定実と結んで房能を討ったのである。

将軍足利義尹《よしただ》（のち義稙《よしたね》）は、翌五年になって定実を越後の守護に任じ、為景にこれを補佐させた。しかし永正六年七月、房能の兄で、関東管領《かんれい》（足利幕府の職名であったが、この時代になると実質的な関東支配者であった）の山内《やまのうち》上杉家を継いでいた上杉顕定《あきさだ》が、養子の憲房《のりふさ》と共に越後に攻め入り、為景は守りきれず、定実とともに越中に逃れた。このころの居館が府中《ふちゅう》城（現・直江津）であった。このとき顕定の軍は八千であった。

越中に逃れた長尾為景は、やがて勢力を蓄え、永正七年六月、関東勢を追い返した。

為景は前年の敗戦を教訓として、以前から府中の詰《つめ》の城としていた春日山城の大改築を行なったのである。

府中城は居館だから八千程度の兵でも支えきれない。この弱点を補うため要害堅固な春日山城が出来たのである。のちに春日山城には武田信玄ですら、近づくことはできなかった。そして、この城を根拠地にして子どもの景虎（のちの謙信）は武名をあげていった。

●四段階に分けられる山城の発達史

城というと、すぐに壮麗な天守閣をもった居城を思い浮かべる人が多い。しかし、城はあくまでも住居の発展したものであり、本来は、防衛のためのものであった。したがって、その時代、その時代によってさまざまな城地が選定されたのである。ここでは、春日山城に代表されるような城が、どうして登場するようになったか、その山城の歴史を振り返ってみよう。

山城の歴史は大きく分けて四段階ある。

第一段階は、弥生《やよい》時代である。このころの城は高地性集落防備と呼ばれ、平地の住所の近くの山に共同の砦を築いた。主に部族同士の争いや河川の氾濫《はんらん》などの自然災害に対するものだったと思われる。遺跡としてはやはり西のほうに多く、大阪府の星ケ丘《ほしおか》や観音寺山《かんのんじ》が代表的な例であり、近年発見された愛媛県西条市永納山《えいのう》遺跡の一部も、あるいはこの時代までさかのぼれるのではないか、ともいわれている。

しかし、この高地性集落防備の山城は、利用情況などまだ完全に解明されてはいない。平時には麓《ふもと》に住み、戦争状態になってから山に逃れるという、いわゆるアクロポリス型構想の城とみられるものもある。

海外では、高地に造られたものでインカのマチュピチュ遺跡のように、堅固な石造の城を山に造り、そのまわりに段々畑をつくって長期の生活にも耐えられるような城もあるが、日本の場合はそこまで恒久的な大規模のものは発見されていない。

第二段階は、大和朝廷が統一国家を形成してから出現する。これは、西域《せいいき》城塞と呼ばれるもので、天皇の命によって築かれた城である。特に、朝鮮半島と緊張状態にあった天智《てんぢ》天皇の時代には、たとえば福岡県の大野《おおの》城のように、連山をおい尽くすような宏壮な城で、春日山城とて足元にも及ばないような巨大な城が

代表的な戦国の山城であった稲葉山《いなばやま》城

造られている。

第三段階は、鎌倉時代である。源頼朝が各地に守護・地頭を置き、既成の権力者であった国司《こくし》や地方豪族と対立するようになってからである。守護や地頭は、国司や豪族の収入をいわば一部横取りするわけだから、当然歓迎はされない。そこで彼らは山上に砦を造り、山麓に居館を構え、自らの防備を固めてから対抗するという方策に出たのである。こうしてしばらくの間は、国司と守護の二重権力時代がつづく。

時代が鎌倉から建武中興《けんむのちゅうこう》を経て室町時代になると、足利政権の弱体化と相まって、この守護の力が強大なものとなっていく。これが守護大名であり、やがて戦国大名へと発展していくものもある。日本全国に数多く造られた山城は、この時代のものが多い。稲葉山《いなばやま》城、一乗谷《いちじようだに》山城、七尾《ななお》城、小谷《おだに》城、観音寺山城などがそうである。戦国時代の山城を第四段階とすれば、春日山城も、この時代に属する。

だが戦国時代といっても、常に領主は山城に住んでいたわけではない。東海、近畿地方にはしばしば戦さがあり、夜襲などに備えなければならなかったから山城内に住むことも多かったが、比較的戦さの少ない地方ではそのようなことはなかった。たとえば九州の島津などは、九州に行った初期には防備の厳重な城らしい城を築かなかった。

上杉氏の春日山城に、現実には大軍を率いて攻めこむなどと考える武将はほとんどいなかった。上杉氏のライバルの武田軍を想起されるかもしれないが、春日山城にまで攻め入ることはできなかった。戦国時代の日本の武将たちは、長期間にわたる遠征は不可能だったのである。

●京は越後からあまりにも遠すぎた

ジンギスカンは馬にまたがった大部隊を率いて中央アジアを席巻《せっけん》し、さらにヨーロッパの東半分を制圧した。のちに欧亜大帝国といわれるモンゴル帝国の祖だが、彼らにはこのような遠征も可能だった。大軍を支える食糧の運搬が楽であったからである。彼らは肉食で、その肉さえあればどこまででも行けた。つまり、羊を連れていったのである。羊の血をすすり、羊の肉を食べて彼らは進軍したのである。

ところが、日本の場合は主要な食糧は米である。大軍を支える膨大な糧米をかかえて敵陣深く進入する、ということは困難であった。武田と上杉の場合には距離的には遠くはないのだが、この場合は互いに防備が堅く、おのおのの前進基地で戦闘するのが精一杯で、とても敵の居城を衝《つ》くまでにはいたらなかった。それが川中島《かわなかじま》などの野戦となったのである。

結局、一つ一つの城を落とし、完全に自分の領地にしてからでないと先に進めない。互角な戦力で両雄は戦い、そして京を目指したのである。しかも互いに牽制しあいながら……。

しかし二人とも、京にのぼることはできなかった。中央からあまりに遠かったのである。

そしてもう一つ、上杉謙信には不運があった。進路の国々の雪である。一年のうち数カ月が雪に埋もれてしまう豪雪地帯越後では、冬の大軍の移動は至難の技であった。戦闘ができるのは、八カ月ほどの間しかない。

上杉が京にのぼるとすれば北陸路をとるしかない。飛驒《ひだ》の山岳地帯を大軍で越えることはきわめてむずかしく、海路も当時の船の状態では不可能である。

越後から越中（富山）、加賀《かが》（石川）、越前、近江と進まなければならない。しかし、戦国の初期ならいざしらず、この上杉の時代まで生き残った大名ともなると、それぞれが強大である。越中には七尾城に畠山《はたけやま》、加賀には一向一揆《いっこういっき》で領主をも倒した本願寺、越前には一条谷城に朝倉、そして近江には小谷城をもつ浅井がいる。いずれもわずかの期間の戦いで破れる相手ではない。

京から遠いという地理的条件や、雪国という気候的条件に悩まされながら上杉謙信は、やがて天下に号令するという望みを捨てたのであろうか。

上杉謙信を清廉な武将と評価する人が多い。自分では天下を狙わず、足利将軍を助けて、世の乱れを正そうとした、ということらしい。しかし私は、その説には賛成しない。この戦国の時代とは、現代的な感覚でいえば悪人でなければ生きられなかった時代である。野望のない武将はいない。謙信も当然天下に号令することを望んだのである。しかし、その望みは武田信玄と同様に謙信にも果たすことはできなかった。

上杉謙信には子どもがなかった。いっさいの女性との関係を断って合戦の勝利を祈願したからだ、という伝説も残っている。

謙信の死後、二人の養子景勝《かげかつ》と景虎が跡目を争った御館《おたて》の乱が始まり、景勝が勝った。しかし景勝も武田勝頼《かつより》同様に天下を狙う器ではなく、やがて豊臣秀吉に従った。慶長《けいちょう》三年（一五九八年）、五大老の一人として会津若松《あいづわかまつ》百二十万石に移封され、上杉家は住みなれた春日山城を去ったのである。

上杉謙信は戦いにはすぐれた武将であった。しかし、天下に号令するには京はあまりにも遠すぎた。

●戦国の名門朝倉氏の居城一乗谷山城

では、越前の名門朝倉義景はどうだったろうか。

朝倉氏は南北朝時代からの名門である。足利幕府の三管領の一人である斯波《しば》氏に仕え、越前一国を領し、福井の一乗谷に城を築いた。文明《ぶんめい》三年（一四七一年）からの越前守護である。このときの当主は朝倉敏景《としかげ》であった。

敏景は名君であった。「朝倉敏景十七か条」という家法を制定し、武士としてあるべき姿をあきらかにした。この戦国家法は、家臣団の統制、人材登用、民政、節倹にまで及び、強力な朝倉家臣団を完成させた規範ともいわれている。

この敏景以後の百年間、一乗谷は越前の京都とも呼ばれ栄えるのである。

福井市から足羽《あすわ》川の流れに沿って上流にさかのぼると、小さな谷がある。この谷は、奥に入って細長く伸びた小盆地となる。すなわち一乗谷である。

一乗谷《いちじようだに》（上）と朝倉義景《よしかげ》

一乗谷を訪ねると、朝倉氏の数々の遺跡が残っている。昭和四十年代になって始められた発掘で、居館の礎石が出てきた。さすがに相当な規模の館《やかた》である。

一乗谷山城は、現在の福井市城戸ノ内町にあり、中部の山脈が越前平野に向かって迫った一乗谷山と、その下を流れる一乗谷川の、山と谷川の盆地を城地としている。

海抜四三六メートルの一乗谷山山頂に本丸を置き、ここを詰の城とし、櫓《やぐら》があったという。本丸につづいて二の丸、三の丸があり、山麓《さんろく》に居館、家臣団の屋敷を構えた。山麓の城地は南北約六キロ、東西〇・五キロの細長い地形で、一乗谷川の上流を上城戸《かみのきど》、下流を下城戸《しものきど》、中心部を城戸の内といった。

城戸の内には朝倉氏の居館があった。この大きさは南北一四五メートル、東西一七〇メートルの方形で、山麓でない三方には高さ三・五メートルの土塁をめぐらし、その外側には堀があった。この居館は発掘によってその全貌がわかった。

館跡入口の復元された城門は、かつて豊臣秀吉が、朝倉一族の菩提《ぼだい》を弔《とむら》うために建てた、桃山《ももやま》様式の四脚唐門《からもん》をもとにしたものである。

館跡の近くには諏訪館《すわやかた》庭園と呼ばれる山麓の一部を利用した庭も残っていて、かつての朝倉氏の栄華のあとをしのばせる。

山上の本丸、二の丸、三の丸などの曲輪は、いまではわずかに空堀のあとなどが残るのみである。京風を好み、文弱に流れた朝倉義景のころには、山上の防御施設は、すでにあまり重要視されていなかったようであるが、もしこの山上一帯に一、二万人ほどの戦意ある兵を配置したならば、きわめて頑強な城塞となり得たことは、現在の地形からも十分に推察ができる。ともあれ一乗谷城は、戦国の名家、朝倉氏の居城として、当時、名城の一つに数えられる山城と山麓の居館からなる巨城だったのである。

城は、選ばれた土地と土木構築物と建造物であることはすでに説明した。一乗谷には今では建造物は残っていないが、城跡ははっきりとしており、その規模をしのばせるものも多い。

●上洛競争の最短距離にいた朝倉義景

朝倉義景は敏景《としかげ》の孫の孫である。父は孝景《たかかげ》といい、加賀、能登《のと》に君臨した戦国大名であった。

朝倉氏は代々文武にすぐれた当主を出している。

京を目指し、天下に号令することを狙うにふさわしい名門である。

家柄だけではない。上杉謙信と違って、地理的条件にも恵まれていた。福井から京都は比較的近い。しかも、その途中の近江路には浅井氏がいた。この浅井氏は、朝倉氏の盟友であり、強力な大名でもあった。朝倉と浅井の関係は織田・徳川の間柄より深い。

織田信長が尾張の一豪族にすぎないのに対し、義景は父祖の代から越前一国の守護であり、代々つちかった家臣団は強力であった。

天下を狙うとすれば、あらゆる条件でもっとも優位に立っていたのが朝倉義景といってもいいだろう。

織田信長が上洛するに当たって利用したのが足利将軍義昭《よしあき》であった。京を追われていた義昭を将軍の座に戻し、自分がこれを補佐する、というのが名目であった。この義昭をもっとも利用しやすい立場にいたのも朝倉義景であったのである。

足利義昭は将軍義輝《よしてる》の弟であった。松永久通《ひさみち》らに兄を殺されてから、彼は将軍の地位を得ようと思うようになった。それまでは仏門に入り、奈良興福《こうふく》寺で覚慶《かくけい》と名乗っていた。

覚慶は還俗《げんぞく》して義昭となって将軍になるのだが、力のまったくない名ばかりの将軍であった。将軍職の権威の再興は自力では無理である。有力な武将の力を借りるしかない。そこで彼があてにしたのが越前の朝倉義景であった。義景こそが将軍の権威を再興してくれる、彼にはそれだけの力がある、義昭はそう信じたのである。

しかし、義景は動かなかった。義昭は、義景を見切って信長を頼ることになるのである。将軍に頼られて、兵を大義名分のもとで動かすことができる、これほど都合のいい条件に恵まれていた戦国武将は他にいない。だが、義景はそれを利用できなかった。なぜか？　ひとことで言えば彼は一乗谷での春風駘蕩《しゅんぷうたいとう》のような暮らしに浸《ひた》りすぎていたのである。

この場合、上杉謙信とはまったく逆なことがいえる。

●京に近すぎたがゆえの不幸

謙信は京から遠すぎて上洛のチャンスを失ったが、義景は京に近すぎたことが裏目に出たのである。

かつて平氏が武士であったのに、京の華美な風潮に染まって公家《くげ》化したように、義景も京に染まってしまったのである。

元亀《げんき》元年（一五七〇年）、織田信長は徳川家康の援軍を得て越前へ向かった。総勢三万四千と伝えられる。最初の目標は浅井長政の居城小谷城であった。このときは、朝倉義景も盟約の手前、浅井に援軍を出した。

二つの連合軍は姉川《あねがわ》のほとりで激突する。浅井・朝倉連合軍は、はじめ戦さを有利に展開していたが、やがて人数に勝る織田・徳川軍が巻き返し、浅井・朝倉軍は敗退する。朝倉義景はこの合戦からさらに三年永《なが》らえるが、この姉川の合戦は朝倉氏凋落《ちょうらく》のはじまりであった。

姉川の合戦では、朝倉義景は自ら出陣せず、いとこの朝倉景健《かげたか》に一万の兵をつけ援軍とした。二年後の元亀三年、再び織田信長が小谷城を攻めた。このときは、義景自ら一万五千の兵を率い近江に出陣したが、再び信長に敗れた。その翌年の天正《てんしょう》元年（一五七三年）には、信長の大軍が一乗谷山城に向かった。義景は三万の兵を率い江北《こうほく》の大嶽《おおたけ》に出陣したが、ここで大敗し、わずかな兵とともに一乗谷山城に帰ったのである。

しかし、一乗谷山城で戦う兵力はすでになく、山田の庄、六坊《ろくぼう》賢松寺に逃れる。そして、ここで同じ一族の朝倉景鏡《かげあきら》に裏切られ、ついに自刃した。
一乗谷は信長に通じた平泉寺の僧兵たちが行き、放火した。一乗谷は猛火に包まれた。信長の歓心を買うためもあったのだろう、彼らの破壊は徹底的であった。

こうして越前の小京都と、栄華を誇った一乗谷城の建物は地上から消えたのである。

やがて土砂が溜《たま》り、雪が積もり、北陸の原野となって四百年が経過した。人々は、ここに都があったことも忘れていたのである。

戦国の世とはいえ、これほど完膚《かんぷ》なきまでに滅んだ城と一族は、少ない。

やがて越前の都は、柴田勝家《かついえ》が築城した北《きた》ノ庄《しょう》（現・福井市）に移るのである。

●七層九重の天守がそびえた柴田勝家の北ノ庄城

柴田勝家の北ノ庄城は、信長が安土築城をはじめる天正四年（一五七六年）より一年早い、天正三年から築城を開始し、一年ほどで完成している。これはまだ朝倉氏滅亡以後の北陸地方の形勢が定まらず、勝家としては、急遽《きゅうきょ》、居城を固めなければならなかったためだった。

しかし勝家は、北ノ庄城を天正六年と天正九年に増改築している。これは城郭を整備することが主な目的だったが、天正三年に造った戦闘本位の望楼風の天守を、楼閣風天守に改築することもあった。もちろん、柴田勝家が天守を改築することを思いついたのは、信長の安土城天守閣を見てからのことである。

織田信長の武将の中でも、筆頭といわれた柴田勝家は、先祖は清和《せいわ》源氏といういう。その子孫である尾張守護斯波《しば》氏の一族が、柴田姓を名乗ったといい、勝家は、大永《たいえい》二年（一五二二年）、尾張に生まれた。

はじめ織田信長の弟、信行《のぶゆき》に仕えた。織田家の重臣林佐渡守と共謀し、信長を殺し、信行に織田家を継がせようとしたが失敗、剃髪《ていはつ》して信長に降《くだ》った、という経歴の持ち主だが、そののちは信長の謀臣として重用されている。しかし、どちらかといえば知謀型の武将ではなく、戦さに強い実戦型の武将である。

信長も、本能寺で死ぬまでは、きわめて幸運型の武将だが、必ずしも勝ち戦さばかりではなく、何度かは退却した戦いもある。この退却のときの後殿《しんがり》の役というのは、追ってくる敵軍の追撃を打ちはらいながら味方の軍を安全に逃がす役で

川の水が血で赤くなったといわれた激戦であった（姉川《あねがわ》古戦場跡）

柴田《しばた》神社に残る猛将勝家《かついえ》の像

ある。敵に本隊まで追いつかれたら、それまでで、全軍やられてしまう。よほど豪勇の武将でないとできない。登山のパーティーでも、このしんがり役はリーダーかサブリーダーがつとめるものである。

勝家は、三河野田《みかわのだ》、福島《ふくしま》の合戦、伊勢《いせ》（三重）長島《ながしま》の戦い、越前小谷《おだに》、八相《はっそう》の戦い、近江木元《きもと》の戦いなどでは、織田軍の後陣をつとめ、これを果たしている。

勝家の武将としての名が一段と高まったのは、元亀元年（一五七〇年）、近江の六角《ろっかく》氏との戦いで、勝家は長光寺《ちょうこうじ》城にいて、六角義賢《よしかた》・義治《よしはる》父子の大軍に囲まれて苦戦した。兵糧攻め、水道断ちの作戦で、落城寸前までになった。勝家は、このとき城内の、わずかに残った水の入った水瓶をこわし、水を流し、必死の構えで城外に打って出て、六角氏の大軍を破った。この勝ち戦さで「瓶《かめ》割り柴田」と、その豪勇をたたえられた。

戦国の武将というものは、後世にまで生き残って大名になったものでも、相当な敗戦、危機一髪の情勢に出会った者が多く、その運、不運は紙一重である。

勝家が、信長から越前国をもらい、北ノ庄に城を造ったころには、織田家は隆昌で、勝家も、織田家の宿老として威勢のもっともよかったころである。しかし越前の太守としての居城、北ノ庄城の詳細はわかってはいない。

その跡は、現在、福井市中央一丁目といわれ、わずかの空地に柴田神社と勝家の像があるのみで、かつての壮大な城はまったく跡形もない。

北ノ庄城は、その当時、吉野《よしの》川と足羽川の合流点に近い台地にあり、本丸から北に二の丸、三の丸が連なり、本丸に七層九重の天守（一説に五層九重）がそびえていた。一般に「層」というのは外から見た天守の外観の階層をいう。天守内部の階を「重」というのだが、ただしこの書き方は決まっているものではなく、人によっては、七層九重を七重九層と書く人もいる。

七層九重という天守は、蒲生氏郷《がもううじさと》が造った会津若松《あいづわかまつ》城が外観七層だったというから、日本に二つしかなかった。しかし内部が九重というのは、のちの秀吉が造った大坂城（階層については諸説がある）くらいだが、はっきり、九重という記録があるのは、北ノ庄城だけである。

●ついに雪国の不利を克服できなかった武将たち

柴田勝家が、北ノ庄城天守を九重にしたのは、越前の太守の威光を示すとともに、勝家の場合は、望楼、戦闘指揮所の役目を持っていた。その意味では、完全に城主の居所、威勢を示す楼閣として造られた安土、大坂などの天守とは、その目的がやや異なっていた。

現実に、勝家は、天正十一年(一五八三年)、秀吉の軍に城を囲まれたとき、この天守から指揮をとり、四月二十四日、天守に火を放つと、夫人のお市《いち》の方《かた》をはじめ、一族、家来の八十余人とともに天守内部で自刃している。

戦国時代、天守とともに滅びた武将のもっとも著名な例の一つであった。

春日山城の上杉氏は、百二十万石で会津若松に移り、さらに関ヶ原合戦ののち、三十万石に減封されて山形米沢《よねざわ》に移され、明治維新を迎えた。

朝倉氏も柴田氏も、戦国時代とともに滅び去った。

上杉氏は、その家系が後世まで続いたとはいえ、上杉謙信の一世の夢は実現しなかった。

ついに雪の地帯からの天下人は出なかったのである。

7

なぜ、榎本武揚《えのもとたけあき》は新政府でも活躍できたのか

——星形の城五稜郭《ごりょうかく》、その西洋式築城の謎

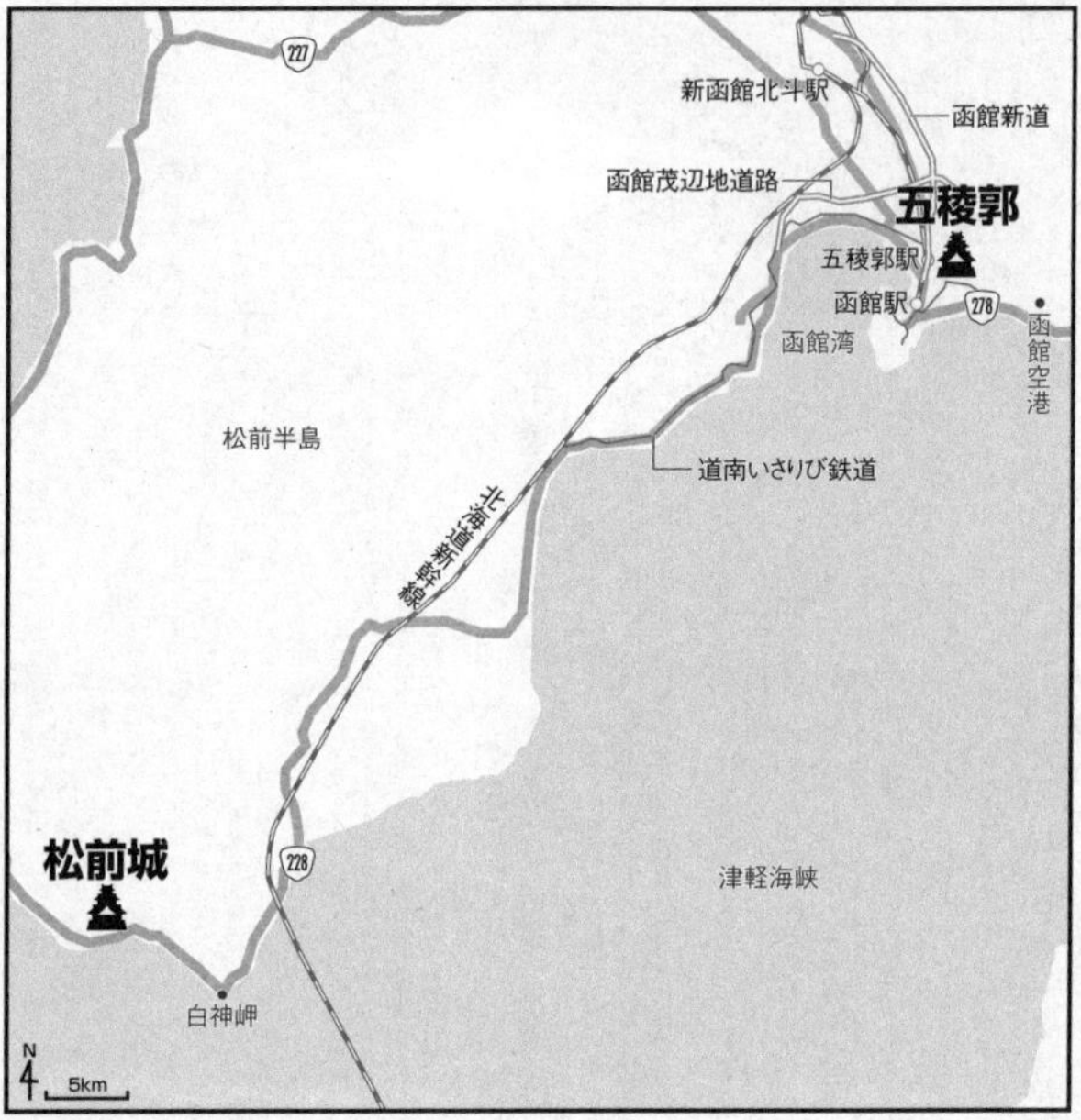

●この章に登場する主な史蹟

五稜郭
松前城
龍岡城

●北海道を独立国とした人物、榎本武揚とは

明治維新のとき、北海道は独立国だった。そんな馬鹿な、と思われるかもしれないがこれは歴史的事実なのである。

明治維新――日本史上の大事件、いや世界史的な視点からみても稀《まれ》な事件である。フランス革命、ロシア革命とは、歴史的意義は違っているにせよ、一種の革命で、日本の国土全域にわたって動乱が広がり、数多くの日本人の血が流された。

このような動乱期は、またある意味では才能ある人々にとっては格好の舞台になる。その中の一人、榎本武揚もまた、明治維新という舞台の上で、北海道と五《ご》稜郭《りょうかく》というロマン溢《あふ》れた舞台装置を最大限に生かし、北海道独立共和国を創《つく》る、という派手なスタンド・プレイを演じた人物である。

榎本武揚は、徳川家の家臣、榎本左太夫《さだゆう》の次男として天保《てんぽう》七年（一八三六年）江戸に生まれた。子どもの頃から秀才の誉れ高く、十二歳で幕府の学校昌平黌《しょうへいこう》に入る。嘉永《かえい》六年（一八五三年）、長崎伝習所に入り、蘭学、航海学、機関学な

どを学んだ。長崎伝習所とは、新しい人材養成のために幕府が創設した海軍兵学校のようなもので、第一回入学生には勝海舟《かつかいしゅう》がいた。榎本武揚は第二回の入学生である。このとき以来、二人の友情は生涯つづくことになる。安政《あんせい》五年（一八五八年）、江戸に帰って幕府海軍操練所教授になる。この年、幕府はアメリカと、軍艦ポーハタン号上で日米修好通商条約に調印した。つづいてオランダ、イギリス、フランスなどとも条約を結び、内外ともに騒然とした年だった。

文久《ぶんきゅう》元年（一八六一年）、武揚二十五歳のとき幕府からオランダ留学を命じられた。このとき選ばれた仲間には思想家、西周《にしあまね》や医学の伊東玄伯《いとうげんぱく》などがいた。オランダでの榎本武揚の知識欲はとどまるところを知らない勢いだった。彼は船舶運用術、砲術、蒸気機関学のみならず、化学、鉱物学、電信技術、国際法までも修得したのである。

武揚にとって、これらの知識についての自信は大きかった。この自信がやがてあまり勝ち目のない戦争を、新政府軍とはじめる彼のバックボーンの一つになったのだろう。

慶応《けいおう》三年（一八六七年）、武揚が日本に帰ると、幕府海軍奉行に任ぜられた。

維新戦争最後の激戦地となった五稜郭《ごりようかく》

●脱走を決意した武揚を待っていたものは

武揚のオランダ留学の六年間に、天下の情勢はまったく変わっていた。いよいよ新政府軍の江戸総攻撃が開始されようとしているころ、江戸城内では、和平派、主戦派が真っ二つに分かれて議論していた。和平派の代表は勝海舟、主戦派の一人は榎本武揚である。しかし徳川慶喜《よしのぶ》はすでに戦意はなかった。これでは戦う意欲があっても、幕臣の身では慶喜に従わざるをえない。幕府は勝海舟の和平論に大きく傾いたのである。

慶応四年四月、江戸城は新政府軍に明け渡され、将軍だった徳川慶喜は水戸《みと》に謹慎した。このとき、勝海舟、西郷隆盛の会見での約束で、幕府軍の軍艦はすべて新政府に引き渡すことになっていた。

当時、海軍副総裁だった榎本はこの約束を拒絶した。しかし、勝海舟の説得により八隻のうち四隻は新政府軍に引き渡した。長崎伝習所以来の親友、勝海舟の説得では武揚も拒否するわけにはいかなかった。しかし、まだ榎本は抗戦の構えをくずさなかった。彰義隊《しょうぎたい》が上野《うえの》で敗れたとはいえ、奥羽越《おううえつ》列藩同盟が結成され、まだまだ戦いは続く気配だった。

榎本は脱走を決意した。軍艦・開陽《かいよう》、咸臨《かんりん》、回天《かいてん》、蟠竜《ばんりゅう》、千代田《ちよだ》と、輸送船・神速《じんそく》、長鯨《ちょうげい》、美嘉保《みかほ》を率い、品川《しながわ》沖から脱走した。はじめの目的地は仙台《せんだい》の松島《まつしま》であった。

しかし、この航海は初めから不運の影がつきまとっていた。美嘉保は銚子《ちょうし》沖で暴風雨によって沈み、咸臨丸は流されてしまい、清水《しみず》港に入って新政府軍に捕えられた。仙台の松島では大鳥圭介《おおとりけいすけ》、土方歳三《ひじかたとしぞう》ら、旧幕府軍の幹部、武士たちが榎本軍に加わった。しかし松島も旧幕府軍にとって安住の地ではなかった。すでに会津《あいづ》軍が敗れていて、新政府軍の足音がすぐ近くで聞こえてくる。榎本は針路を蝦夷《えぞ》にとった。船団が蝦夷の内浦《うちうら》湾鷲《わし》ノ木《ぎ》港に着いたのは、明治元年（一八六八年）十月二十日だった。このとき鷲ノ木港から四〇キロほど離れた箱館《はこだて》（現在の函館）には新政府の清水谷《しみずだに》知事がいた。榎本軍の侵入を止めようとしたが、二百名ほどの守備兵しかないので、さほどの抵抗もできず敗れ、清水谷知事も青森に逃げ、榎本武揚は五稜郭に入ってここを本拠とした。そのとき、榎本軍の総兵力は約三千五百であった。

榎本軍はつづいて松前《まつまえ》城、江差《えさし》をも攻略し、蝦夷地から新政府軍を完全に駆逐した。しかし、この戦闘の途中、開陽、神速の二艦は吹雪と強風のために座礁してしまった。

ここで榎本武揚は、北海道独立国の声明を発表した。当時はまだ北海道ではなく、蝦夷島《えぞがしま》だから、正確には蝦夷島独立国である。日本にいた一部の外国の外交官は榎本政権をいちおう独立政権と認めている。

武揚はオランダ留学のときに法律を学んでいた。彼はアメリカの制度に従い、士官以上の役職をすべて投票によって決めた。アメリカの大統領選挙の例にならったという。ある意味では日本における共和体制の誕生といえるだろう。

投票の結果、主な役職は次のようなものだった。

総裁・榎本武揚、海軍奉行・荒井郁之助《あらいいくのすけ》、陸軍奉行・大鳥圭介、陸軍奉行並・土方歳三、箱館奉行・永井尚志《ながいなおむね》など。

●なぜ、武揚は新政府でも重用されたのか

新政府は、この榎本武揚の独立宣言を当然認めなかった。旧幕府軍の反乱として追討の命令を出した。明治元年十一月十九日のことである。しかし、蝦夷の冬

は厳しい。攻撃は明春ということになった。

明治二年三月九日。東京の品川沖から新政府軍の軍艦・甲鉄《こうてつ》、陽春《ようしゅん》、春日《かすが》、丁卯《ていぼう》、輸送船・飛竜《ひりよう》、豊安《ほうあん》、晨風《しんぷう》、戊辰《ぼしん》の八隻《せき》が蝦夷攻撃のために出発した。途中、岩手県の宮古《みやこ》で北海道から出撃した榎本軍の軍艦との海戦があったが、三月二十六日、青森に入港、兵を三分して蝦夷に上陸させた。

これが明治維新最後の戦い、箱館戦争である。この戦いでは、松前城、五稜郭、四稜郭、弁天崎《べんてんざき》台場などの城や城塞が戦場となり、そのほかにも多くの臨時の堡塁《ほうるい》が築かれた。戦いの最大の激戦は榎本軍最後の砦《とりで》、五稜郭を中心とする戦闘である。旧幕府軍は各地で敗戦を重ね、ついに五稜郭に籠城《ろうじょう》したのである。

新政府軍の参謀、黒田了介《くろだりょうすけ》（清隆《きよたか》）は、五稜郭を総攻撃すれば兵隊の死傷が相当数になることを考え、榎本武揚に降伏を勧めた。しかし榎本武揚はこの黒田の勧告には従わなかった。城を枕に討死するのだ、と戦国時代の武将のようなことをいっていた。しかし、すでに弁天崎砲台、千代ケ岡砲台は陥落し、これ以上戦うのは無駄と知った武揚は、他の将兵の助命と自分の自殺を条件に、明治二年五月十八日、降伏した。

しかし、どうも榎本武揚のこの行動は演技くさい。あんのじょう、黒田清隆は、このとき榎本武揚の才能を惜しんで、自殺を思いとどまらせた。武揚は自分の知識と才能には自信をもっている。新政府軍も自分のような人物をみすみす見殺しにすることはあるまい。新政府にとってはぜひとも欲しい人材と自負していた。

武揚は捕えられ東京に送られたが、その後許され、明治新政府の北海道開拓使、海軍中将、海軍卿、初代逓信《ていしん》大臣、文部大臣、農商務大臣、外務大臣などを歴任し、明治政府の高官として活躍したのである。武揚の自信と計算の人生だったのだろう。

●国防が重大急務となった時代背景とは

城という言葉からは、すぐ天守閣を思い浮かべる人が多いだろう。そして濠《ほり》があり、石垣があり……ということになる。しかし、五稜郭はそのような城とは異彩を放っている。いわゆる日本風の天守閣はないし、なによりも外形が五稜であり、それまでの日本の築城技術の常識では考えられない形の城である。五稜郭は西洋式築城の城としては、日本でもっとも大きい。

弁天崎《べんてんざき》砲台（明治年間撮影の古写真、市立函館図書館蔵）

北方守備の拠点となった五稜郭庁舎（明治初年撮影）

明治維新最後の戦いの舞台としてその名をとどめている五稜郭は、なぜ西洋式の城に造られたのか、なぜ北海道の函館の地に造られたのか、この二つの点を解明してみよう。

寛永《かんえい》十六年（一六三九年）、徳川幕府は、朝鮮、中国、オランダ以外の外国人の渡来を禁止した。いわゆる鎖国政策である。これ以来、日本は諸外国との交流は断たれ、そのため、外国に備える城塞はまったく造られなかった。

ところが、安永《あんえい》七年（一七七八年）六月、ロシア船の蝦夷地厚岸《あつけし》来航に始まる外国船のたび重なる来航、通商、開国の強要は、幕府や海岸をもつ諸藩に、国防城塞の必要を痛感させたのであった。

寛政《かんせい》四年（一七九二年）、幕府は諸大名に「異国船取扱海岸防備令」を通達した。

このころからロシアはさかんに日本の北方領土、エトロフ（択捉）島などを侵犯し、その南進政策は侵略的になってきたので、幕府は文化《ぶんか》三年（一八〇六年）「ロシア船取扱令」を出したが、ロシア船の暴行、掠奪《りゃくだつ》はやまなかった。

さらに幕府は文政《ぶんせい》八年（一八二五年）に「異国船打払令」を出して、外国船の暴行、侵犯するものを打ち払い、海岸をもつ諸藩にその防備を固めさせた。

しかし、諸外国の開国、通商の要請はますます激しく、幕府はついに嘉永七年（一八五四年）三月、アメリカと日米和親条約を結び、つづいて八月に日英和親条約を結ぶと、長崎、箱館の二港を開き、同年十二月には日露和親条約も結ばれた。このため箱館は、ロシアに対しても開港されることになったので、その警備、防衛が必要となったのである。

●なぜ、函館に西洋式の城が造られたのか

箱館の港には砲台を、その後衛の基地には堡塁が築かれることになったが、すでに大名の居城のような様式では、外国の艦船や兵器に対応できなかった。日本の兵器は徳川幕府が開かれて以来、さほどは進歩していない。しかし西洋では、産業革命以来、兵器もさらに強力になった。イギリスのアームストロング砲をはじめとし、ドイツのクルップ砲などは、当時の火力としては強力だった。

兵器の変化は守備側にも変化をもたらす。かつて織田信長が、その三千と称する鉄砲隊によって、精強をもって知られた武田勝頼《かつより》の騎馬隊を長篠《ながしの》で全滅させた天正《てんしょう》三年（一五七五年）の長篠の合戦（206ページ参照）以来、日本の武将は

鉄砲を重要視しはじめたのである。鉄砲による戦いは、城にも当然変化を与えた。銃弾を阻止する土塁、石塁の構築、防御物の設備、建造物、櫓《やぐら》、天守などの補強と防備……。城は鉄砲に対する備えを強化しはじめていた。

外国船の来航がはじまった日本では、西洋の圧倒的な火力に対抗するための防御設備の構築を急がねばならなかった。ここではじめて、居城のような住居防御の系列から発達した城ではない近世風の戦闘防御系列の城が、日本各地に発生するのである。

箱館は北の港として日本防備の最重要地点であった。幕府は、このヨーロッパ諸国の強力な火力に対抗するには、いままでのような日本風の城では防ぎきれないことを知り、西洋の兵学に詳しい武田成章《なりあき》に設計させ、築城したのが五稜郭である。

●日本人はどのようにして西洋の築城術を学んだのか

もちろん海岸をもつ諸大名も、外国船に対抗するための防御設備を構築しなければならない。そこで造られたのが、台場（砲台）である。

しかし、このころ誰もまだヨーロッパに行って、その築城術を習ったものはいなかったので、主として蘭学の軍学書の知識か、オランダ人の教示によっていた。

そのために、当時のヨーロッパの新式築城術や、進んだ火砲とはズレがあり、すでに旧《ふる》くなった知識も多かったが、そこは日本人の器用さで補うところが大きかった。

この幕末の新しい日本の城を生み出させた直接の原因は、ヨーロッパ諸国船の来航と開国、通商の強要だったのである。

開港を余儀なくされた箱館の防備のため構築された五稜郭――工事は安政四年（一八五七年）十一月に始まった。五稜郭を設計し、その工事を監督した武田成章は、当時三十一歳であった。

武田成章。俗称斐三郎《あやさぶろう》。文政《ぶんせい》十年（一八二七年）、伊予《いよ》（愛媛県）大洲《おおず》藩旗組小頭、武田敬忠《たかただ》の子として生まれた。成章は藩校、明倫《めいりん》堂に学んだ秀才で、家はあまり豊かではなかったが、大坂に出ると緒方洪庵《おがたこうあん》の適《てき》塾に入り、蘭学を修め、江戸に上ると伊東玄朴《いとうげんぼく》の門下に入り、英学、仏学を学んだ。成章は諸学に通じていたが、とくに兵学、築城に関しても勉学が深かった。

安政元年（一八五四年）、二十七歳のとき箱館奉行所に入り、同三年には諸術調所の教授となった。したがって安政四年の五稜郭構築に当たっては、その設計を担当することができたのである。

成章は、五稜郭を築くとき当然のことながら、外国の軍隊の火砲による攻撃を考えて設計した。

●世界を席巻《せっけん》したボーバンの築城術の秘密

函館に造られた五稜郭は、五つの突角をもっているところから、五稜郭と呼ばれるのだが、これは古くからあったヨーロッパの城のスタイルではなく、十六世紀ころのヨーロッパの純軍事城塞を手本としている。ヨーロッパでは、十六世紀ごろから、城の様式が急激に変化している。東ローマ帝国を滅ぼしたオスマン・トルコの圧倒的な火力を前に、またフランソワ一世のイタリアの侵略に対抗するために、北イタリアにおいて、新しい型の城が誕生したのである。それは土と石と煉瓦《れんが》で構築された、稜堡《りょうほ》型の城塞である。火砲の攻撃に耐えるにはこの型の城しかなかったのである。

この類型の城はたちまちヨーロッパに拡《ひろ》まった。フランス、ドイツ、イギリス、さらに戦乱の絶えないフランドル地方（今のオランダ南部とベルギー）でも、この築城法は採り入れられたのである。

そして十七世紀になると、フランスに天才的な築城家が登場する。セバスチャン・ル・プレートル・ド・ボーバンである。

ボーバンは、当初コンデ公に仕えていたが、サント・ムスーの攻城戦に敗退、敵に捕えられた。しかし敵の指揮官マザランは、その非凡な才能に目をつけ、中尉に任命、自分の配下に置いた。それからのボーバンの活躍は目覚ましいものがある。つぎつぎと城、城郭都市を攻略した。日本では城攻めの天才として秀吉が有名だが、その落とした数では圧倒的にボーバンが多い。

そしてまた、ボーバンが易々《やすやす》と城や城郭都市を落としたのは、彼が城に精通していたからであり、城造りの天才だったからである。

そのため、当時のヨーロッパでは、

「ボーバンに囲まれた町は必ず陥落、ボーバンの築いた城塞は難攻不落」

という諺《ことわざ》までできたのである。

ボーバンは実に五十三回の攻城戦に当たり、このすべてを落とし、フランスの北部国境に三十の要害を構築し、この城塞は対オランダ戦争では無類の強さを発揮し、ボーバンは城造りの神様になったのである。

ボーバンは、城についての著書も多く『城塞攻防論』『攻城論』『戦術要塞概論』など戦術的な名著がある。

このボーバンの著書は、オランダでも築城論の中に採り入れられ、一八四〇年代の日本で、武田成章もこの築城論を学んだのである。成章は蘭学のみでなく、仏学も学んでいるから、直接ボーバンの築城術を知っていたので、彼は五稜郭の計画当初、この築城術を正確に採り入れようとしたらしい。

ところが、出来上がった五稜郭は、253ページの上図にもあるようにボーバンの城とは比べものにならないほど、簡略化されてしまった。

●五稜郭の強さと弱さの秘密

五稜郭とはその名のとおり五稜の縄張り、つまり星形をしている。正確には菱花形《ひしはな》の稜堡式城塞ということになる。この各稜の各部分に大砲を据えることにより、いっせいに砲火を開けば、それは十字砲火となり、まったく死角がなくなる。方形の縄張りでは、どうしても死角ができてしまう欠点を補うものである。

また、西南部の大手門の前方には三角形のバルバカンを備えている。これは城門の前を守る防御設備で、その起源は古く、ヨーロッパや中国の城にも受け継がれ、ボーバンの城ではもっとも効果的に使用されている。五稜郭では五カ所に造られる予定だったが、工事を急がねばならなかったことや資金不足のため、いちばん重要なところ一カ所のみになってしまった。

五稜郭の総面積は約二二万平方メートル。周囲は三五〇〇メートル。城壁のまわりには約三〇メートルの幅で、亀田《かめた》川の水を引き、水濠となっている。

また、五稜郭の石塁は、はじめは土塁の計画だったが、厳寒のこともあって構築と保持が困難で石造りとなったが、高さ約六メートル、ヨーロッパでは方形または長方形の切石、あるいは煉瓦が用いられているのに、五稜郭では切石で不規則に積まれ、一部半加工石の積み方もあり、石塁の上は敵の登るのを防ぐためのハネ出しが設けられている。

また、石塁の上には、城兵が身を隠し敵を射撃するための胸壁がつけられている。

五稜郭の築城では武田成章の計画は相当に縮小せざるをえなかった。もし計画どおり造られていたら、強固な西洋式の城になっていたことは疑いない。実際は安普請で、しかも籠城の兵の士気も低く、圧倒的な兵力の新政府軍の前では、残念ながら、榎本武揚にはまったく勝機がなかったというほかはない。

●信州《しんしゅう》にあったもう一つの五稜郭

信州の山奥深くに、じつはもう一つ五稜郭があった。箱館の五稜郭の場合、港の後衛として、北海道の守りの本拠として、外国からの攻撃を考慮して造られたヨーロッパ風の城だったのだが、信州の山奥に、どうしてヨーロッパ風の五稜郭が、誰によって、何の目的のために造られたのだろうか。これもまた幕末の一つの謎というべきだろうか。

信州（長野県）田野口《たのぐち》。小諸《こもろ》から二〇キロほど南の千曲《ちくま》川の上流、佐久《さく》盆地の中である。文久三年（一八六三年）、この田野口の地に、松平（大給《おぎゅう》）恒《ゆずる》（乗謨《のりかた》）が移封された。これまでは屋敷は江戸にあり、封領には代官を置いていたのだが、このころ幕府の参勤《さんきん》交代制度が改革され、乗謨は一族と家臣を収容する城郭

函館・五稜郭の平面図

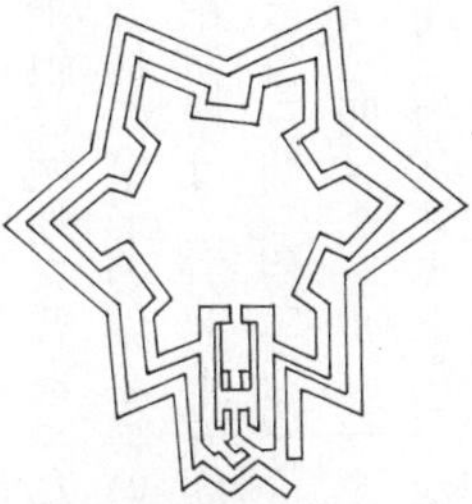

西洋式築城の例
江戸時代に翻訳された
「由利安牟《ユリアム》攻城伝」より

西洋式築城をそっくり真似《まね》た五稜郭

東京芝《しば》公園にある武田成章《なりあき》の碑

が必要になった。このとき、松平乗謨はとんでもない城を造ることを思いついた。

フランスの天才築城家、ボーバンが戦闘城塞の一つの典型とした、五稜の形態の堡塁を造ろうとしたのである。

じつはこの乗謨、きわめて優れた人で、徳川譜代であるところから二十八歳で老中格、幕府陸軍総裁の職にあった。早くから蘭学、仏学を学び、フランス語にはよく長じ、当時、フランス人と通訳を使わずに流暢《りゅうちょう》にしゃべれた唯一の人であったという。したがってボーバンの築城書を読み、その優れた築城術に魅せられ、これを新しく築く自分の城に採り入れたいと思ったのである。

乗謨は城地を昔あった田口《たのくち》城の南の平地に選び、ボーバンの設計図を手本として五稜の星形の城を築いた。

総面積は二万七十五坪（約六万平方メートル）、東北から西南にかけての星形の経は百三間（約二〇〇メートル）、星形の外側には石塁を築き、石塁の高さは平均で三・四メートル。一・二メートルの土塁がその上に築かれている。濠の幅は約四間（約八メートル）、深さ一丈二尺（約四メートル）、水を引いて濠となっている。

信州竜岡城（もう一つの五稜郭）

石垣の石は主に切石を用い、加工石積み、亀甲積みである。石垣の上部にはハネ出しを付け、敵が石垣を登るのを防いでいた。

城内には、東南部に表御殿、広門《ひろもん》、小書院《こしょいん》、台所を設け、西北部に空地を置いて練兵場とした。しかし城内の建物は日本建築だった。

星形の城の外側をほぼ方形に板塀で囲み、南の一辺は川の流れを水濠とし、東側に城門が設けられ、侍屋敷は星形と板塀の間にあった。

城の工事は元治《げんじ》元年（一八六四年）に始められ、慶応三年（一八六七年）になって完成している。城は竜岡《たつおか》城と名づけられたが、まもなく明治維新を迎えて廃城になってしまった。

竜岡城は北海道の五稜郭に比べれば、その面積は二二万平方メートルに対して六万平方メートルだから、約四分の一であり、濠の幅も狭く、石塁の高さも低い。はたして実戦に使用できるかといえば、部分的な銃撃戦には防御線、拠点にはなりえるが、強力な火砲の攻撃や、大軍に囲まれたらひとたまりもない。

松平乗謨にこのあたりの計算ができないはずはないから、彼としては、ボーバンの築城術を自分の手で自分の居城に実現してみたかったという、いわば趣味的な発想だったのであろう。まさにボーバンの城の精巧なミニアチュアである。

しかし、乗謨のこの洋式の築城術の実現は、実戦的要素に欠けるから無駄であった、と評価すべきではない。築城術に限らず、明治維新当時の外国からの文化の導入は、初めはみなこのようなものだったのである。

●日本各地に誕生した西洋式城郭

この松平乗謨の竜岡城などは、日本城郭史上のこぼれ話的なものかもしれない。しかし、維新前夜において、西欧に対抗するための、西欧の技術の導入は切迫した問題だった。たとえば、品川台場などもその典型的な例である。

品川台場とは、嘉永《かえい》六年（一八五三年）、アメリカ、ロシアなどの使節が来航すると、江戸湾防備の必要上設けられた砲台である。総監督は韮山《にらやま》反射炉を造った江川太郎左衛門英龍《ひでたつ》。当時名声の高かった砲術家、高島秋帆《しゅうはん》から西洋砲術の指南も受けた俊英である。

当時、江戸にもし外国軍隊が上陸するなら品川沖から来るケースがもっとも可能性が高かった。台場の設置は、この海域を防備するため、海中に一番から十一番までの人工島を造り、これを砲台とする予定だった。しかし実際には、嘉永六年、一番から七番まで着工され、八番以下は造られず、さらに四番と七番は完成せずに終わっている。この工事の総工費七十五万両。現在の価値でいえば三百億円以上の大工事であった。

出来上がった台場の構造は、もちろんヨーロッパの堡塁を手本にしていて、砲台を囲んでの稜形の石塁がある。幕府では初めての西洋式築城だった。一、二、五、六番は六稜形、三番は五稜形であり、おのおの十五〜十八門の大砲が並べられた。

これにより、江戸町民に与えた安心感は絶大なものがあった。しかし現実には、西洋列強の、アームストロング砲をはじめとする強力な火力に比べ、台場の大砲は相当に見おとりがした。着弾距離にしてからが比較にならない。当時、西洋の大砲の平均着弾距離は数千メートルだが、幕府のそれは一〇〇〇メートル前後である。二〇〇〇メートルぐらい離れた沖合いから艦砲射撃を受けたら、反撃もできずひとたまりもない。

しかし、幸いにも、品川台場が構築されたのちにも、この砲台は外国船に対して一度も火を噴くこともなく、明治維新まで受け継がれることになる。

韮山《にらやま》反射炉

●西洋式の模倣は無駄だったのか

維新前夜――この時代ほど日本人の特質を露《あら》わにしたことはないだろう。三百年もの間、太平の安眠を貪《むさぼ》っていた日本人。この日本の周囲が急に騒がしくなり、眠い目をこすりながら起きてみると、自分があまりにも西洋の文化におくれているのに気づくわけである。

しかし、国際社会に長い間出たことのない日本人は、はじめは拒絶反応を示す。だが、もともと進取の精神に富んだ日本人のことである、巧妙に新しい文化を採り入れようとした。そうせざるをえなかった、というのが正しい。

ところが、この三百年もの間寝ていたせいか、日本人の思考は少々ぼけている。西洋のものを採り入れようとしても、正確に迅速にすべてを吸収するのは不可能だった。日本人は精巧なミニアチュアを造る努力をした。西洋式の城や大砲にしても確かに威力の点では相当に西洋に劣る。しかし評価すべきは、西洋の新技術を採り入れ、それをまったく自分のものとしてしまった日本人の器用さである。

今までこの章で採り上げた五稜郭、竜岡城、品川台場をはじめとし、九州五島列島の福江城、蝦夷の松前城、四稜郭など、西洋の本ものの真似ごと的なものではあるが、その吸収力とバイタリティには驚くべきものがある。

その後の日本の文化を考えてみても、明治維新当時の西洋風築城もまた、日本人の優秀さを示すその先駆的現象といえるのかもしれない。

祥伝社黄金文庫

日本《にほん》の城《しろ》の謎《なぞ》〈攻防編《こうぼうへん》〉

令和元年10月20日　初版第1刷発行

著　者　井上宗和《いのうえむねかず》
発行者　辻　浩明
発行所　祥伝社《しようでんしや》
〒101－8701
東京都千代田区神田神保町3－3
電話　03（3265）2084（編集部）
電話　03（3265）2081（販売部）
電話　03（3265）3622（業務部）
http://www.shodensha.co.jp/

印刷所　萩原印刷
製本所　ナショナル製本

Printed in Japan　© 2019, Munekazu Inoue　ISBN978-4-396-31770-6 C0126